ISO 39001:2012

道路交通安全マネジメントシステム

日本語版と解説

中條　武志　監修
独立行政法人自動車事故対策機構　編
江波戸啓之・梶浦　勉
木下　典男・永井　勝典　著

日本規格協会

執筆者名簿

監　修	中條　武志	（中央大学理工学部経営システム工学科　教授）
編　集	独立行政法人自動車事故対策機構	
執　筆	江波戸啓之	（一般財団法人日本品質保証機構）
	梶浦　勉	（株式会社インターリスク総研）
	木下　典男	（国土交通省）
	永井　勝典	（独立行政法人自動車事故対策機構）

（執筆者50音順，敬称略，所属等は執筆時）

本書の表示について

・引用・転載した箇所には，原則として囲み枠又は「　」をつけるなどして，解説部分と区別した．
・引用符"　"は，原則として強調したい場合に用いた．

著作権について

本書は，ISO中央事務局と当会との翻訳出版契約に基づいて発行したものです．
本書の一部又は全部について，当会の許可なく引用・転載・複製等をすることを禁じます．
本書の著作権に関するお問い合わせは，当会 営業サービスユニット（Tel：03-3583-8002）にて承ります．

ISO/TC241 道路交通安全マネジメントシステム（ISO 39001）
国内審議委員会（翻訳小委員会名簿）

委員長	中條　武志	（中央大学理工学部経営システム工学科　教授）
委　員	伊藤　　誠	（筑波大学大学院システム情報工学研究科　准教授）
	江波戸啓之	（一般財団法人日本品質保証機構）
	千葉　祐介	（一般財団法人日本規格協会）
事務局*	八木　一夫	（独立行政法人自動車事故対策機構）
	永井　勝典	（独立行政法人自動車事故対策機構）
	太田　誠一	（独立行政法人自動車事故対策機構）

（順不同，敬称略，所属等は委員会開催時）

＊なお，2012 年 9 月までの約 3 年間，事務局として ISO 39001 策定に尽力された，独立行政法人自動車事故対策機構　前審議役　後藤洋志氏に対し，この場を借りて謝意を表します。

ご利用上のお願い

本書に掲載する ISO 39001:2012 の日本語訳は，ISO/TC241 国内審議委員会（翻訳小委員会）の翻訳にもとづいています．
ただし，日本語訳に疑義があるときは，ISO 39001 規格原文に準拠してください．日本語訳のみを使用して生じた不都合な事態に関しては，当協会は一切責任を負うものではありません．原文のみが有効です．

はじめに

事故の原因と安全マネジメント

　我が国における交通事故による死亡者数は，様々な取組みの結果，次第に減少しているが，現在でも年間4,000人以上が亡くなっている．また，世界全体で見るとその数は年間約130万人に達し，いまだ増加傾向にある．

　これらの事故の原因は何であろうか．次に示す図は，事故の原因を分類したものである．まず，未知の技術的な原因による場合と既知の技術的な原因による場合の二つに大きく分けられる．

　事故の中には，従来知られていなかった技術的メカニズムによって起こるものがある．例えば，過積載だとフェード現象が起き，ブレーキが効かなくなることについて，従来知られていなかったとすれば，その対策がとられずに事故が起こる．しかし，一旦このような事故を経験すると，我々はそこから新たな知見を学び，これを活用して事故を防ぐようになる．

　ところが，多くの人が働く社会・組織では，技術的メカニズムやどう防げばよいのかがわかっていたにもかかわらず，それが徹底できずに事故が起こる．

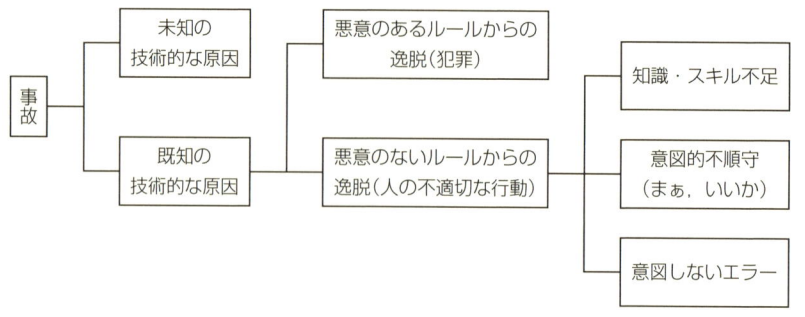

図　事故の原因

これらは，人の不完全さに起因する事故ともいえる．両者の比率は，業種によって，また組織によっても異なるが，多くの業種・組織では後者の比率が大きくなってきている．

人の問題をさらに分類すると"悪意のあるルールからの逸脱"と"悪意のないルールからの逸脱"に分けられる．前者は，明確な意図をもって自己の利益のために他人を犠牲にする場合であり，これは法的・社会的な規制・監視・処罰を厳しくすることで防ぐしかない．他方，後者は社会のため，人のために尽くそうという善意をもっているにもかかわらず起こるものである．その内容はさらに，

① 知識・スキル不足によるもの
② 知識・スキルは十分もっていたが，顧客や上司から依頼・命令され，"まぁ大丈夫だろう"と思って意図的にルールから逸脱するもの
③ 知識・スキルをもっており，ルール通りやろうとしていたが，うっかり忘れた，取り違えたなどの意図しないエラーによるもの

に分けられる．

善意の人たちが仕事をする中で起こる"人の不適切な行動（①～③）"は，担当者が十分注意していれば防げるはずだと考えるかもしれない．しかし，"③意図しないエラー"については，人がエラーを起こしやすい状況に直面することによって発生する．状況に応じて行動できるのは人間の優れた能力の一つではあるが，これが災いしてエラーを起こす．したがって，仕事に内在するエラーを起こしやすい状況を放置したまま，注意力に頼っていると，疲れているときや急いでいるときには，自分の感覚や知識を過信して，エラーが起こることになる．"②意図的なルールからの逸脱"についても，合理的に行動したいという人間の特性が関係しているため，これを無視した対策を考えてもうまくはいかない．仕事を合理的なものにすること，合理的なものであることを納得した上で仕事をしてもらうことが大切である．また，①については，計画的・組織的に知識を教えること，スキルを育成することが大切である．

上述したような対策はだれが考えるのであろうか．特定の専門家や専門部署

が検討し，他の人はそれに従って仕事をすればよいと考えるかもしれない．しかし，これらの対策は仕事のやり方と密接に関連しており，効果のある対策を考えるためには仕事のやり方に関する十分な知識・経験が必要になる．ところが，自動車運送事業などの場合，職場ごとの運行経路，車両，人員などの状況が大きく異なるため，それぞれの職場に立ち入って対策を検討することが不可欠である．これは専門家や専門部署だけで行えることではない．結局，仕事について最もよく知っているのは，当該の仕事を実際に行っている人たちである．そう考えると，従業員全員に対策にかかわってもらうことが重要となる．

様々な事故を調べてみると，経営陣が，第一線職場（営業所など）の実情を知らないまま，社会・組織の利益を追求し，結果として第一線職場において人の不適切な行動への対策が十分にとられず，事故が起こっている場合が多い．社会・組織の利益の追求自体は悪いことではないため，このような事故については，悪意のあるルールからの逸脱による事故の場合とは異なり，法的・社会的な規制・監視・処罰をいくら厳しくしても防ぐことは難しい．

ではどうするか．人の不適切な行動（①～③）を防ぐ力，すなわち組織が安全マネジメントを実践する力を身につけることが必要である．基本的には，仕事に潜む不適切な行動のリスクを洗い出し，未然に対策できるようになることが大切である．

これには，まず，第一線職場の従業員の参画が不可欠である．ところが，第一線職場は目の前にある仕事を抱え，多忙な日々を過ごしている．実際に起こった事故に対する対策をとるのは当たり前だが，起こりそうなところを探して対策を考えるのは，必ずしも今日行わなければならないことではない．したがって，どうしても後回しになりやすい．経営陣が"人の問題に関しては精神論だけではだめで，科学的にアプローチすることが大切だ．しかも，未然防止が大切であり，そのためには，それぞれの職場が起こりそうなことを洗い出し，事前に対策を考える必要がある．だからみんなで協力してやってほしい"という明確な意思表示をしなければうまく動かない．また，各職場が一生懸命取り組んでも具体的なツールがなくてはなかなか成功しない．専門家・専門部署が

必要なツールを適切なタイミングで提供すること，またこれらのツールを使うための研修などを提供することが大切である．これらのことが一体のものとして行われて初めて大きな成果を生み出すことができる．

運輸安全マネジメント制度とその成果

　そういう思いで2006（平成18）年に"運輸安全一括法（運輸の安全性の向上のための鉄道事業法等の一部を改正する法律，国土交通省）"ができ，"運輸安全マネジメント制度"がスタートした．運輸安全マネジメント制度は，道路交通だけではなく，航空，鉄道，海運なども含み，"運輸安全マネジメントに関するガイドライン（安全管理規程に係るガイドライン，国土交通省，2006）"を定め，これに従って組織がマネジメントを行う．その上で，これらの取組みを社会として後押しするために，国が内容を評価するという制度である．ガイドラインは，マネジメントの分野で広く活用されているISO 9001をベースにしながら，運輸安全に関して重要な点である経営トップのかかわりや，事故及びヒヤリ・ハット情報の収集・活用などを補強する形で作成された．

　5年が経った成果はどうであろうか．制度の対象となっている事業者では，安全方針の理解・浸透・見直しが大幅に改善された．また，事故・ヒヤリ・ハット情報の収集・活用もずいぶんよくなった．その結果，事故による損失が半減したという調査報告もある．

　しかし，このような社会的な努力や成果にもかかわらず，2012（平成24）年4月29日に起こった関越自動車道における高速ツアーバスなどの悲惨な事故の報道がその後も絶えないのはなぜなのであろうか．運輸安全マネジメント制度は一つの成果であるが，安全マネジメントは一部の組織が取り組んでいるだけでは十分でない．事故は社会の，組織の一番弱いところで起こる．弱いところをいかに強くできるかが重要なのである．そのためには，安全マネジメントの取組みをどれだけ普及できるかがポイントとなる．

　一つは，中小企業へ広げていく必要がある．また，規模の大きい組織については，いかに組織の末端にまで広げていくことができるかが課題である．さら

には，道路建設者や交通規制機関などの自動車運送事業者以外の組織をいかに巻き込むかも大切となる．

ISO 39001 への期待

運輸安全マネジメント制度と同じ意図で2012年10月に制定されたのが，"ISO 39001:2012 Road traffic safety (RTS) management systems ― Requirements with guidance for use ［道路交通安全（RTS）マネジメントシステム―要求事項及び利用の手引］"である．その特徴は，

- 死亡・重篤事故の撲滅を目的としていること
- 成果を客観的に測るためのパフォーマンスファクターの選定と目標設定を義務付けていること
- 緊急事態への準備と対応や事故等の調査・分析を求めていること

などである．また，この規格は自動車運送事業者だけではなく，メーカー・販売店，自動車メーカー・修理事業者，道路建設者，交通規制機関，緊急医療者，電気・水道・ガス事業者，損害保険会社，行政機関等，道路交通にかかわるあらゆる組織が活用できるようになっている．

我が国を含め，多くの国でISO 39001に基づく第三者認証制度が動き始めているが，これら民間の制度をうまく活用していくことは，国による評価制度では対応しきれない部分を補い，より大きな成果をあげる上で重要になると考えられる．

ISO 39001の活用が期待される領域は広いが，第一に考えるべきは，"中小規模の自動車運送事業者，及び自動車運送事業者以外への安全マネジメントの普及"である．ISO 39001に基づく第三者認証制度が広まり，認証を取得した組織では死亡・重篤事故の低減が図られているという社会的認識が形成されれば，メーカー・販売店が自動車運送事業者を選択する場合や損害保険会社が保険料を決める場合の基準として活用されることになると考えられる．そうなれば，より多くの組織が安全マネジメントに取り組む大きなドライビングフォースとなる．

また，事故の防止は特定の組織の努力だけでは難しい．様々な組織の連携が重要となる．ISO 39001 は，死亡・重篤事故ゼロを目指した，パフォーマンスファクターに基づく取組みを促進することで，このような複数の組織の間の密接な連携を引き出すことができると考えられる．

　さらに，運輸安全マネジメントを普及させていくためには，悪いところを指摘するだけでは十分でない．期待されているのは事故を未然に防ぐ活動であり，全従業員の参画である．プロアクティブな取組みが求められているとき，"ルールを守りなさい"，"処罰します" というだけではうまくいかない．社会としてよい事例を褒めることが重要である．

　このような取組みを促進するためのベースラインとして，ISO 39001 やそれに基づく認証制度が貢献することを期待したい．

2013 年 10 月

中央大学　中條　武志

発刊に寄せて

（原　文）

Road traffic crashes, associated deaths and serious injuries, are a burden for families, societies and organizations. This is a sad fact, but there is also another side to this coin.

Deaths and serious injuries are preventable, to such degree that we can more or less eliminate them. We know a lot of how we should do, and we know certainly what does not work. One key element is that there is no hope in blaming the victims, moralize over individuals or utilize all myths on how to treat the epidemic of road deaths and serious injuries. We can only hope to eliminate them if we are systematic and scientific, involve the whole community and are willing to work with the subject for a long time.

This is the background to ISO 39001, a management standard for traffic safety. ISO 39001 acknowledge that it is organizations, both public and private, that have the power and resources to change the society regarding the road transport system. It also acknowledges that these organizations need a support to be able to work systematically, scientifically and effectively.

Japan is a country well known and admired for its systematic development of quality standards and for unique results of a systematic approach. Therefore we are all interested in the experience and results of Japan and Japanese organizations applying and using ISO 39001. I wish you and all users in Japan good luck.

March 18, 2013
Claes Tingvall
Chair of ISO/TC241

（和　文）

　死亡及び重大な負傷を伴う道路交通衝突事故は，関係者家族だけではなく社会や組織にとっても大きな苦しみとなります．これは悲しむべき現実ですが，その裏には別の一面が存在することも忘れてはなりません．

　死亡及び重大な負傷は予防することが可能であり，ある程度まで私たちはそれらをなくすことができるのです．そのためにどのようにすべきなのか私たちは多くのことを知っていますし，何が役に立たないかもよく承知しています．重要な点は，被害者のせいにしたり，個々人に道徳教育を施したり，あるいは死亡及び重大な負傷の蔓延に対処するために誤った社会通念をもちだしたりしても，何の展望も開けないということです．死亡及び重大な負傷をなくすことに希望がもてるのは，私たちが体系的かつ科学的であり，社会全体を巻き込んで，将来にわたってこの問題に取り組む意欲をもち続けるときだけです．これが ISO 39001「道路交通安全（RTS）マネジメントシステム」規格のバックグラウンドです．ISO 39001 は，道路輸送システムに関して社会を変革するだけの力と資源をもっているのは，公共及び民間両方の組織であるということを認めています．この規格はまた，これらの組織には，体系的，科学的，そして効果的に作業を進めることを可能にするための支援が必要であることも認めています．

　日本は，品質に関する標準の体系的開発と体系的アプローチによる比類のない成果で広く知られた国であり，賞賛の的となっています．それゆえ，私たち皆が，ISO 39001 を適用し活用する日本と日本の組織の経験や成果に関心を寄せています．皆様と，日本の全ての規格ユーザーの方々のご幸運をお祈りいたします．

2013 年 3 月 18 日
ISO/TC241 議長
クラース・ティングバル

目　　次

はじめに　4
発刊に寄せて　10

第1章　道路交通安全マネジメントシステムの要求事項の解説　17

1.1　ISO 39001 制定の経緯　(永井)　17
　(1)　規格策定の社会的要請　17
　(2)　規格制定の経緯　18
　(3)　道路交通安全への包括的な取組みの必要性　20
1.2　国際会議における主要な議論　(永井)　21
　(1)　上位構造，共通テキスト，共通用語・定義の採用（全般）　21
　(2)　適用組織（序文）　22
　(3)　適用除外（1）　23
　(4)　RTS パフォーマンスファクター（6.3）　24
　(5)　運用段階でのヒューマンエラーへの対応（8.1）　25
　(6)　緊急事態への準備及び対応（8.2）　26
　(7)　法令等の順守評価（9.1）　27
　(8)　道路交通安全に関する処置（9.2）　27
1.3　用語及び定義の解説　(梶浦・江波戸)　28

---ISO 39001：2012---

3　用語及び定義　29
　3.1 監査／3.2 監査員／3.3 監査基準／3.4 監査証拠／3.5 利用できる最善の情報／3.6 コミットメント／3.7 力量／3.8 適合／3.9 継続的改善／3.10 修正／3.11 是正処置／3.12 死亡／3.13 文書化された情報／3.14 有効性／3.15 利害関係者／3.16 マネジメントシステム／3.17 測定／3.18 監視／3.19 不適合／3.20 目標／3.21 組織／3.22 外部委託する(動詞)／3.23 パフォーマンス／3.24 方針／3.25 予防処置／3.26 手順／3.27 プロセス／3.28 要求事項／3.29 リスク／3.30 道路／3.31 道路網／3.32 道路交通／3.33 道路交通衝突事故／3.34 道路交通インシデント／3.35 道路交通安全 RTS／3.36 道路交通システム／3.37 道路利用者／3.38 RTS の不備／3.39 RTS 是正処置／3.40

RTS パフォーマンス／3.41 RTS パフォーマンスファクター／3.42 RTS 予防処置／3.43 RTS 詳細目標／3.44 重大な負傷／3.45 トップマネジメント

1.4　要求事項の解説 ……………………………………………（梶浦・江波戸）39

― ISO 39001:2012 ―

4　組織の状況 ……………………………………………………………………… 39
　4.1　組織及びその状況の理解 ………………………………………………… 40
　4.2　利害関係者のニーズ及び期待の理解 …………………………………… 41
　4.3　RTS マネジメントシステムの適用範囲の決定 ………………………… 42
　4.4　RTS マネジメントシステム ……………………………………………… 44
5　リーダーシップ ………………………………………………………………… 44
　5.1　リーダーシップ及びコミットメント …………………………………… 44
　5.2　方針 ………………………………………………………………………… 50
　5.3　組織の役割，責任及び権限 ……………………………………………… 51
6　計画 ……………………………………………………………………………… 52
　6.1　一般 ………………………………………………………………………… 53
　6.2　リスク及び機会への取組み ……………………………………………… 54
　6.3　RTS パフォーマンスファクター ………………………………………… 57
　6.4　RTS 目標及びそれを達成するための計画策定 ………………………… 63
7　支援 ……………………………………………………………………………… 66
　7.1　連携 ………………………………………………………………………… 66
　7.2　資源 ………………………………………………………………………… 66
　7.3　力量 ………………………………………………………………………… 67
　7.4　認識 ………………………………………………………………………… 68
　7.5　コミュニケーション ……………………………………………………… 70
　7.6　文書化された情報 ………………………………………………………… 71
　　7.6.1　一般 …………………………………………………………………… 71
　　7.6.2　作成及び更新 ………………………………………………………… 72
　　7.6.3　文書化された情報の管理 …………………………………………… 73
8　運用 ……………………………………………………………………………… 75
　8.1　運用の計画及び管理 ……………………………………………………… 75
　8.2　緊急事態への準備及び対応 ……………………………………………… 77
9　パフォーマンス評価 …………………………………………………………… 78
　9.1　監視，測定，分析及び評価 ……………………………………………… 78
　9.2　道路交通衝突事故及び他の道路交通インシデント調査 ……………… 80
　9.3　内部監査 …………………………………………………………………… 82
　9.4　マネジメントレビュー …………………………………………………… 84

  10　改善 ……………………………………………………………… 87
   10.1　不適合及び是正処置 ……………………………………… 87
   10.2　継続的改善 ………………………………………………… 90

第2章　道路交通安全マネジメントシステムの活用例 …… (江波戸・梶浦) 91

2.1　認証取得企業の取組み事例①
  —自動車運送事業者（バス，タクシー，トラック）の構築事例 ……… 91
 （1）ISO 39001 導入の目的 ………………………………………… 91
 （2）マネジメントシステム構築に際して意識したこと ………… 92
 （3）事業における道路交通安全の位置付け …………………… 92
 （4）今までの安全対策 …………………………………………… 93
 （5）取組みで苦労・工夫した点 ………………………………… 94
 （6）要員への定着活動 …………………………………………… 95
 （7）RTS 方針の例 ………………………………………………… 95
 （8）リスクの抽出 ………………………………………………… 97
 （9）RTS パフォーマンスファクターの特定 …………………… 98
 （10）RTS 目標及び RTS 詳細目標の例 ………………………… 99
 （11）導入による効果 …………………………………………… 100
 （12）今後の事業への活用 ……………………………………… 103
 （13）まとめ ……………………………………………………… 104

2.2　認証取得企業の取組み事例②
  —自動車リース事業者の構築事例 ……………………………… 105
 （1）ISO 39001 導入の目的 ……………………………………… 105
 （2）マネジメントシステム構築に際して意識したこと ……… 106
 （3）事業における道路交通安全の位置付け ………………… 107
 （4）今までの安全対策 ………………………………………… 108
 （5）取組みで苦労・工夫した点 ……………………………… 108
 （6）RTS 方針の例 ……………………………………………… 110
 （7）RTS パフォーマンスファクターの特定 ………………… 111
 （8）RTS 目標・RTS 詳細目標の例 …………………………… 112
 （9）導入による効果 …………………………………………… 112
 （10）まとめ ……………………………………………………… 113

第3章　自動車事故防止に関する法令及び諸制度 …………………… 115

3.1　自動車事故防止のための法体系 ……………………………（梶浦・江波戸）115
（1）自動車事故防止のための法規制 ………………………………………… 115
（2）自動車運送事業者における法規制 ……………………………………… 119
（3）その他の法規制 …………………………………………………………… 129
（4）まとめ ……………………………………………………………………… 129

3.2　運輸安全マネジメント制度との関係 …………………………………（木下）129
3.2.1　運輸安全マネジメント制度 ……………………………………… 129
（1）運輸安全マネジメント制度の導入 …………………………………… 130
（2）制度の導入に伴う新たな義務 ………………………………………… 130
（3）運輸安全マネジメント制度における運輸事業者の取組み ………… 131
（4）運輸安全マネジメント制度における国土交通省の役割 …………… 132
（5）事業者における安全管理体制の成長過程 …………………………… 133
（6）運輸安全マネジメント実施の効果 …………………………………… 134

3.2.2　ISO 39001と運輸安全マネジメント制度との相違点 …………… 136
（1）任意／義務 ……………………………………………………………… 136
（2）規格の有無 ……………………………………………………………… 136
（3）審査／評価 ……………………………………………………………… 137

3.2.3　ISO 39001に対する期待 …………………………………………… 137

引用・参考法令等の紹介　　138
索　　　引　　141

第1章

道路交通安全マネジメントシステムの要求事項の解説

1.1　ISO 39001 制定の経緯

(1) 規格策定の社会的要請

"交通事故による死亡や重大な負傷ゼロ"は全世界の悲願である．世界で毎年 130 万人の人々が交通事故で亡くなり，3,000～4,000 万人の人々が負傷して苦しんでいる．グローバルな規模でモータリゼーション（自動車社会の進行）の急速な拡大があり，低・中所得国を中心としてその拡大が著しいにもかかわらず，それらの国々では道路交通安全に向けた取組みが不足している．世界で登録されている車両の約半数が低・中所得国にある中で，世界の交通事故の 9 割以上がそれらの国々で発生し，これらの事故によって失う社会的損失は，GNP の 1～1.5 % を超えている．その総額は，先進国の二国間海外援助の総額にも匹敵するが，さらに増加傾向にあり，深刻な状況である．

そのような状況に対しては，多くの低・中所得国が，交通事故を予防処置で減らしていこうとする考え方をもち，道路交通安全を改善し，死亡事故や重大な負傷事故を減らすための包括的な取組み，すなわち安全システムアプローチを実行することが必要である．一方，高所得国は，今まで積みあげてきた道路交通安全への経験及び研究に基づく取組み及びノウハウを，これら低・中所得国とグローバルな規模で交換するとともに，自国においては，さらなる道路交通事故削減目標を設定し，それを達成していくことが求められている．

従来から，道路交通安全の促進は政府や行政の重要な仕事であったが，"交通事故による死亡や重大な負傷ゼロ"を達成するには，道路交通安全を支援する民間活動として，道路交通安全に関するマネジメントが不可欠になってきている．

日本においては，組織自らが，組織のトップマネジメントから現場までが一丸となった安全管理体制を構築し，その安全管理体制の実施状況を国が確認する"運輸安全マネジメント制度"が，運輸事業者を対象に2006年10月から導入され，交通事故削減の大きな成果を生んでいる．

他方，世界においては，2009年11月19, 20日に開催された，"the First Global Ministerial Conference on Road Safety：Time for Action"（第1回道路交通安全に関する国際大臣会合：行動の時）の勧告を受け，国連が2011年5月11日から"the Decade of Action for Road Safety"（道路交通安全に向けた10年行動計画）を宣言し，スタートさせている．

この活動では"交通死亡事故は防ぐことが可能である"とし，それらの発生を阻むことが意図されている．期待される成果は，現状を放置したならば，2020年の交通事故による死亡者数が1,900万人になると予測されている中で，2010年から2020年の間で死亡者数500万人及び重傷者数5,000人を減らし，2020年単年の死亡者数を90万人にしようとするものである．

国連では，メンバー国，国際機関，市民社会組織及びビジネスリーダーなどに，この10年行動計画によって道路交通安全の改善を確実なものにすることをよびかけている．この計画は，自動車及び道路の安全性を高めることから緊急事態の対応や一般の人々の道路上での"ふるまい"の改善にいたるまで，極めて重要な領域を網羅している．

このような，道路交通安全を取り巻く世界の動きの中で，2007年8月28日にスウェーデンが"道路交通安全マネジメントシステムを道路交通安全の分野へ導入し，道路交通衝突事故の悲劇をなくす"ことを意図してNWIP（New Work Item Proposal：新規作業項目提案）をISO（International Organization for Standardization：国際標準化機構）に提案した．また，これが認められ，ISO/PC（Project Committee）241において，ISO 39001 道路交通安全（RTS：Road Traffic Safety）マネジメントシステム規格の開発が進められてきた．

(2) 規格制定の経緯

提案国であるスウェーデンを議長国として表1.1のような7回の国際会議が

開催された．日本は，第2回シャーラム会議からOメンバー（Observing Member）として参加し，経済産業省及び独立行政法人自動車事故対策機構の関係者が出席した．この会議において，出席者らはこの規格の重要性，及びすでに運輸事業者を対象に国が実施していた運輸安全マネジメント制度とこの規格との整合性を図る重要性を強く認識した．

この認識のもと，国土交通省からの支援を受けて独立行政法人自動車事故対策機構が，中央大学中條武志教授を座長とする国内審議委員会を立ちあげ，産官学の様々な分野の委員の協力を得ながら，第3回オタワ会議から投票権のあるPメンバー（Participating Member）として出席し，以降，全ての会議に積極的に関与し，運輸安全マネジメント制度との整合性の確保，及び親しみやすい規格を念頭に置いて開発作業に携わってきた．

執筆時点で最終であるヨハネスブルク会議（2012年3月）におけるISO/PC241の構成団体は，Pメンバー（23か国），Oメンバー（17か国）及び15のリエゾン（liaison：連携すべき関連機関）である．主要な出席国は，スウェーデン，オーストラリア，イギリス，ドイツ，カナダ，韓国，中国，マレーシア，南アフリカ及び日本，並びにリエゾンでは，世界銀行及び世界道路交通安全パートナーシップ（GRSP：Global Road Safety Partnership）等であった．メンバー間の活発な議論を経て，2012年10月1日に，ISO 39001：2012が発行された．

表1.1　開催された国際会議

	開催年月	開催地
第1回	2008年6月	ストックホルム，スウェーデン
第2回	2009年2月	シャーラム，マレーシア
第3回	2009年9月	オタワ，カナダ
第4回	2010年3月	北京，中国
第5回	2010年11月	ベルリン，ドイツ
第6回	2011年5月	アデレード，オーストラリア
第7回	2012年2月	ヨハネスブルク，南アフリカ

(3) 道路交通安全への包括的な取組みの必要性

　人や物の移動が頻繁になっている現代社会において，移動に伴う人々の安全を確保することは大きな課題になっている．安全が確保された移動は，人々の基本的な権利である．

　近年，道路交通安全の分野において，道路交通システムの各要素（道路，車両，救急医療システム及び道路利用者，並びにそれらの相互関係）に対してマネジメントシステムを確立し，包括的な取組みを実施することにより，大きな成果を達成している国々がある．その代表的な取組みとして，スウェーデンの"Vision Zero"やオーストラリアの"Safe System Approach"がある．

　OECD（Organization for Economic Cooperation and Development：経済協力開発機構）とITF（International Transport Forum：国際交通フォーラム）が発行したレポート"Towards Zero：Ambitious Road Safety Targets and the Safety System Approach（ゼロへ：意欲的な道路交通安全目標と安全システムアプローチ）"には，道路交通安全に関するマネジメントシステムの重要性が述べられている．このレポートが参照したWBGRSF（the World Bank Global Road Safety Facility：世界銀行国際道路安全機関）によって開発された，道路交通安全に関するマネジメントシステムの枠組は，ISO 39001の開発においても大いに参照され，附属書Bにはその要約が記述されている．ただし，附属書Bは，政府や行政機関を対象にした内容であり，一般の組織が理解しようとすれば読み替えることが必要である．

　道路交通安全への取組みは，"道路交通事故による死亡者や重大な負傷者をゼロにする"を宣言することから始まる．交通事故そのものを減らしていくことはもちろん重要であるが，加えて交通事故に遭遇した際の被害者への悪影響を最小限にする取組みも必要である．

　安全システムアプローチは，道路交通安全に向けた包括的な取組みであり，道路交通システムに関係する多くの組織やその組織で働く人々が，どのように道路交通安全の問題を解決すべきか，共通認識をもつことが大切である．その上で，これら組織やその組織で働く人々が相互に協議し，連携を図っていかな

ければならない．道路交通安全の分野で，標準化されたマネジメントシステムが必要な理由はそこにある．

道路交通社会の中では多くの様々なプレーヤーが活動をしているので，道路交通安全の改善には，道路交通システムに関与する多くの組織やその組織で働く人々の取組みが必要である．よい成果を生み出すためには，多くの組織とその組織で働く人々が，相互に依存をしていることを忘れてはならない．

前述のように，道路交通社会には様々なプレーヤーが道路交通安全に影響を与えているので，組織間の相互作用を特定するのは難しい．そのため，道路交通システムにおける組織のかかわり方を特定することが重要である．それを容易にするために，ISO 39001 では 6.3 に"RTS Performance factors（RTS パフォーマンスファクター）"を道路交通安全固有の細分箇条として追加している．RTS パフォーマンスファクターは，直接的に道路交通安全の成果を示すとともに，これらを用いて道路交通安全の成果を着実に改善させるためのものである．そして，多くの組織がこれを活用することにより，保有するリスクを網羅的に把握することに役立つ．それゆえ，この RTS パフォーマンスファクターは，この規格の中で極めて重要な位置を占めている．

1.2 国際会議における主要な議論

（1）上位構造，共通テキスト，共通用語・定義の採用（全般）

ISO/PC241 は，第 4 回北京会議において，ISO/TMB[*1]/TAG[*2]13 – JTCG[*3]（以下，JTCG という）で開発されていた，MSS[*4] 上位構造（HLS[*5]），MSS 共通テキスト（要求事項），共通用語・定義の採用を決議した．

---

*1 TMB Technical Management Board：技術管理評議会
*2 TAG Technical Advisory Groups：専門諮問グループ
*3 JTCG Joint Technical Coordination Group：合同技術調整グループ
*4 MSS Management System Standards：マネジメントシステム規格
*5 HLS High Level Structure

固有テキストと共通テキストとの整合は，ISO/PC241 の編集委員会（Editing Committee）が，第 4 回北京会議（2010 年 3 月）のアウトプットである固有テキスト CD[*6]1 へ，JTCG ブエノスアイレス会議（2010 年 5 月）のアウトプットを反映させることにより行った．

この結果，第 5 回ベルリン会議において議論された CD2 については，固有テキストと共通テキストの間で多くの重複する要求事項がある，共通テキストとして新たな要求事項が挿入されている，ISO/PC241 と JTCG が同時並行的に規格の開発を行うので将来も同様の問題が生じる可能性があるなど，その妥当性を懸念する意見が多く寄せられた．しかし，第 4 回北京会議の決議を見直すまでにはいたらなかった．

第 6 回アデレード会議においては JTCG ウィーン会議（2010 年 10 月）のアウトプットを反映した CD3 を用いて，第 7 回ヨハネスブルク会議においては JTCG ロンドン会議（2011 年 12 月）のアウトプットを参照しつつ，Guide83（2011 年 5 月）を反映させた DIS[*7] を用いて議論を進めた．第 6 回アデレード会議からは，各国代表も固有テキストと共通テキストの整合作業に慣れ，むしろプラグイン方式[*8]のマネジメントシステム規格の良さを活用して，それぞれを上手にすみ分けながら開発作業が進められた．

(2) 適用組織（序文）

この規格で基本としているものは，組織及びそれらに属する人々が道路交通安全に対して責任を共有することである（共有責任：shared responsibility）．

第 4 回北京会議においてドイツから"序文に記述されている自動車メーカーを，この規格を適用することが可能な組織の例示から外したい"という意見があった．自動車はすでに ISO 9001 やセクター規格，法規制及び自主的な厳しい品質基準により安全性は担保されていることが理由である．交通事故はむし

[*6] Committee Draft：委員会原案
[*7] Draft International Standard：国際規格案
[*8] 国際会議では，共通テキストに固有テキストを組み込むことにより各分野にふさわしい規格へ拡張する方式として，このようによんでいた．

ろ自動車の利用者側の"ふるまい"に起因しているというのである．この規格を適用し，維持する負担や，国際的な販売競争の中で非関税障壁に利用されることへの不安などもあった．しかし，共有責任の観点から道路交通システムにかかわるあらゆる組織が適用可能とすべきであり，この規格は技術及び品質の要求事項の規定を意図したものではないこと，さらにこの規格は任意規格であることが確認され，ドイツの意見は却下された．

　この議論を契機に，第5回ベルリン会議においては論点が自動車そのものではなく利用者側にある安全成果の要因へと移り，「中間安全成果ファクター（intermediate safety outcome factors）」に「当該の等級の車両（二輪車両を含む）を運転するための適切な免許」，「不適格な車両及び運転者の道路網からの排除」の項目が加えられた．

　この流れは，第6回アデレード会議においても引き継がれ，序文の適用可能な組織の例示は全て削除し，RTSにかかわる組織の活動例は附属書AのA4.1に記述することになった．

(3) 適用除外（1）

　この規格には適用除外の記述がある．しかも，対象とする箇条を限定していない．日本は，第7回ヨハネスブルク会議において，この記述を削除するか，又は限定された箇条に限り適用除外可能とするように再考を求めた．しかし，この規格は，道路交通安全対策が未熟で対応力に乏しい低・中所得国の組織に対して，広く適用が可能なように適用除外を設けているとの意見が大勢を占めた．日本の提案について，議長が各国の出席者にアイデアを求めたが，特に，具体的対処方法の紹介や意見はなかった．この適用除外は，日本が参加する以前の早い段階で議論され，合意がなされていたようであった．

　最終的には，日本の意見は理解され，今後，各国がこの規格を運用していく中で，適用除外に関する具体的な事例を集め，次回の規格改正時にそれらを反映させ，適切な記述に改正していくこととなり，この議論は将来に持ち越しとなった．

24　　第 1 章　道路交通安全マネジメントシステムの要求事項の解説

（4）RTS パフォーマンスファクター（6.3）

　RTS パフォーマンスファクターは，この規格の重要な部分であり，その考え方は第 1 回ストックホルム会議において打ち出されている．ただし，用語は，第 1 回ストックホルム会議において"RTS パフォーマンスインディケーター"，第 3 回オタワ会議において"RTS パフォーマンスメジャー"と変遷し，第 4 回北京会議にて「RTS パフォーマンスファクター」となった．最終的に「ファクター」という用語になった理由は，成果を測る指標であるだけではなく，成果に影響を与えることが可能な要因も含むことを明確にするためである．

　RTS パフォーマンスファクターの例示方法については，多くの議論がなされた部分であり，記録に残しておくと理解の一助となるので，ここで各国の提案の内容を述べておきたい．

　第 2 回シャーラム会議において，WD[*9]1 に記述されているスウェーデン案に加えて，WBGRSF によって開発された，道路交通安全に関するマネジメントシステムの枠組を，必要に応じて取り入れることが決定され，第 3 回オタワ会議においてその両案が活発に議論された．第一案はスウェーデンの提案によるものであり，第二案には，WBGRSF の枠組を基本としており，中間安全成果に関する記述については二つの選択肢（オプション）があった．それが**図 1.1** である．第二案のオプション A は，WBGRSF の枠組に中間安全成果の部分ではスウェーデンの考え方を取り入れたものであり，オプション B は WBGRSF の枠組をそのまま採用したものである．

　まず，**図 1.2** に示すスウェーデンの例示は詳細すぎるとの意見があり，附属書 A において詳細な記述を補えばよいということになった．その結果，「中間安全成果ファクター」の記述スタイルは，第 5 回ベルリン会議において，ほぼ現行のものになった．

　「中間安全成果ファクター」のグループ分け（区分）は，第 7 回ヨハネスブルク会議まで議論され，WBGRSF の三つの区分に対して

---

*9　Working Draft：作業部会原案

1.2 国際会議における主要な議論

第一案	第二案（オプションA）	第二案（オプションB）
スウェーデンが支持	日本・カナダが支持	イギリス・オーストラリアが支持
RTSパフォーマンスインディケーター（RTS Performance Indicators） ① 安全な事業用及び自家用自動車の使用及び供給（例示あり） ② 安全な幹線道路及び市街地道路の使用及び供給（例示あり） ③ 個人用安全装具の使用及び供給（例示あり） ④ 道路輸送システムの安全な使用の確保（例示あり） ⑤ 事故及び負傷に関するマネジメントの供給（例示あり）	RTSパフォーマンスメジャー（RTS Performance Measures） ■ リスクの暴露（Risk Exposure） ■ 最終安全成果（Final Safety Outcomes） ■ 中間安全成果（Intermediate Safety outcomes） ① 安全な車両の使用及び供給 ② 安全な幹線道路及び市街地道路の使用及び供給 ③ 個人用安全装具の使用及び供給 ④ 道路輸送システムの安全な使用の確保 ⑤ 事故及び負傷に関するマネジメントの供給	■ 中間安全成果（Intermediate Safety outcomes） A) 道路ネットワークの計画, 設計, 運用及び使用 B) 車両及び運転者の道路ネットワークへの出入り C) 衝突事故犠牲者の道路ネットワークからの回復及びリハビリテーション

図1.1 RTSパフォーマンスファクターに関する各国の意見

① より安全な道路と移動
② より安全な車両
③ より安全な道路利用者
④ 衝突事故後の対応

に区分すべきとの意見が根強く残っていた．出席者にどちらの区分がよいか挙手をとったところ，意外にも後者の区分が多く支持された．

最終的には，議長裁定でグループ分けを解き，10のカテゴリーを列挙するかたちになったのだが，WBGRSFの区分の考え方については，6.3「RTSパフォーマンスファクター」のc)「中間安全成果ファクター」の記述に残された．

(5) 運用段階でのヒューマンエラーへの対応（8.1）

日本は，第5回ベルリン会議において，予防処置には計画段階に実施するものと運用段階に実施するものの2種類があり，ヒューマンエラー等のリスクについては後者の予防処置がより重要であるため，運用段階でも予防処置を実施することを明示的に求めることを提案し，採用された．第6回アデレー

```
① 安全な事業用及び自家用自動車の使用及び      ③ 個人用安全装具の使用及び供給
  供給                                          • シートベルト及びその他の規制(例:チャイルドシー
  • 衝突の際の車両による乗員の保護                  ト)の使用
  • 衝突を軽減する，あるいは避けることのできる車両  • オートバイ，自転車用ヘルメットの着用
    の性能                                        • 視力補助器の使用
  • 保護されていない道路使用者に対する車両による保  ④ 道路輸送システムの安全な使用の確保
    護の程度                                      • 速度制限を超えない運転速度の使用
  • 道路における衝突の際のほかの車両との適合性      • 特に，疲労，アルコール及び薬物を考慮した，適格
  • メンテナンス及び修理を含む，車両の安全性の保証    な運転者の使用
  • 車両の中，または車両の上で運搬される荷物の安    • 安全な車間距離
    全性                                          • 天候及び交通状態の適用
② 安全な幹線道路及び市街地道路の使用及び          • 交通法規の範囲内での運用
  供給                                          ⑤ 事故及び負傷に関するマネジメントの供給
  • 車両及び保護されていない道路使用者が同時に存在  • 応急処置の知識及び車両における応急処置設備の装
    するところでの適切な速度                        備
  • 他の車両と頻繁に交差する交通における適切な速度  • 警告，救助，救急サービスの体制
  • 対向車がいるような交通における適切な速度        • 衝突後の回復及び負傷者のリハビリテーション
  • 保護されていない道路使用者，交差点または対向車
    のない道路での適切な速度
  • 車両の種類と設備に合った適切な道路
  • 安全な歩道の建設及びメンテナンスを含む，道路使
    用者による過失を緩和する道路設計
  • 起こり得る，特定された道路利用者による衝突の現
    場を管理するための交通規制の適切な使用
```

図 1.2　スウェーデン提案の例示

注：②～④はオプション B の A）に，①は B）に，⑤は C）に対応する．

ド会議でもこの記述は維持されたが，第 7 回ヨハネスブルク会議において"ヒューマンエラーに関する予防処置も計画段階で対処すべきもの"として削除された．

(6) 緊急事態への準備及び対応（8.2）

8.2 の要求事項は，ISO 14001:2004 をベースに検討された．この要求事項は，上位構造及び共通テキストを取り入れた CD2 で，独立した細分箇条ではなく「監視及び測定」の要求事項に組み入れられることになった．これに対して，第 5 回ベルリン会議において，日本は独立した細分箇条へ戻すことを提案し，採用された．

ISO 14001:2004 で要求されている「緊急事態及び事故を特定し，どのように対応するかの手順の確立，実施及び維持」に関する要求事項については，第

6回アデレード会議において，潜在的な緊急事態や事故を特定する手順まで要求するのは中小企業にとって重荷になるとして日本は削除を提案したが，却下された．

しかし，第7回ヨハネスブルク会議において，9.2「道路交通衝突事故及び他の道路交通インシデント調査」の冒頭の3行にある「道路利用者の死亡又は重大な負傷にいたる，又はいたる可能性のある道路交通衝突事故及び他のインシデントを記録し，調査し，分析するための手順を確立し，実施し，維持しなければならない」に関する要求事項と重複するとして，この部分の記述全てが削除された．その意味では，8.2及び9.2の要求事項は，関連性が極めて深い．

(7) 法令等の順守評価 (9.1)

法令等の順守評価の要求事項は，WD1からCD1までISO 14001:2004をベースに独立した細分箇条として記述されていた．上位構造及び共通テキストを取り入れたCD2では独立した細分箇条ではなく内部監査の要求事項の一部として記述されていたが，第5回ベルリン会議において，内部監査で行うべき項目の一つとする記述に変更された．しかし，第6回アデレード会議において，順守評価を内部監査に組み込むのはマネジメントシステムにそぐわないとの意見があり，9.1「監視，測定，分析及び評価」の要求事項に変更された．

法令順守については，独立した細分箇条としての要求事項ではなくなっているが，固有テキストとして，4.2，5.1，9.1及び9.4の要求事項の中で言及されており重要性は変わらない．

(8) 道路交通安全に関する処置 (9.2)

日本は，9.2の要求事項は道路交通事故の再発防止及び未然防止に不可欠であるとして，独立した細分箇条とすることを強く求めた．WD1からCD1までは独立した細分箇条として"見直し"の要求事項として記述されていたが，上位構造及び共通テキストを取り入れたCD2では，独立した細分箇条ではなく10「改善」の要求事項に組み入れられた．

日本は，第5回ベルリン会議において，この変更に対して"見直し"の要求事項に戻し，「内部監査」の前に配置すべきとの提案をしたが，改善活動の一

環として対処すべきとして一旦却下された．

しかし，第6回アデレード会議にて再度提案し，道路交通衝突事故及び他の道路交通インシデント調査はマネジメントレビューの重要なインプット情報であるとして受け入れられ，9.2の要求事項として独立した細分箇条となった．

第7回ヨハネスブルク会議では，9.2でニーズを特定しなければならない処置は，「RTS予防処置（RTS preventive action）」及び「RTS是正処置（RTS corrective action）」であるとして，道路交通衝突事故に関する処置とマネジメントシステムの不適合に関する処置「是正処置（corrective action）」が明確に分けられた．3「用語及び定義」にも固有の用語として定義されている．

- RTS予防処置（RTS preventive action）
  道路交通衝突事故のリスクを低減又は除去する処置
- RTS是正処置（RTS corrective action）
  道路交通衝突事故の原因を除去する処置
- 是正処置（Corrective action）
  不適合の原因を除去し，再発を防止する処置

1.3 用語及び定義の解説

この章の構成は，ISO 39001の箇条番号にそろえてあり，規格と整合性をもつようにしてある．解説が必要と思われる事項については，日本規格協会の発行するISO 39001の日本語訳（対訳版）を □ 枠囲みで引用しながら，その内容が記載された理由，議論の経緯，意味などを解説している．

ISO 39001において採用されている上位構造HLS（High Level Structure）では，組織がRTSマネジメントシステムを構築する上で組織に適用すべき要求事項は，主に箇条4～10に記述されている．そのため，箇条1「適用範囲」，箇条2「引用規格」，附属書A～Cの内容については日本規格協会の対訳版に

譲り，本書の解説からは割愛している．ただし，箇条3「用語及び定義」に関しては，規格の要求事項を理解する上で必要なため，参考として記載した．

なお，HLSとは，2006年から2011年にかけてISO/TMB/TAG13-JTCGにおいて開発された，ISO 9001，ISO 14001，ISO/IEC 27001などのISOマネジメントシステム規格（ISO MSS）の整合性を確保するための，規格の基本構造である．

各規格の下位の項目に分野固有の要求事項を付け加えることは可能だが，上位の項立ては一緒であることから，"ハイレベルストラクチャー（上位構造）"とよばれている．

3 用語及び定義

ISO 39001：2012

3.1
監査
監査基準（3.3）が満たされている程度を判定するために，**監査証拠**（3.4）を収集し，それを客観的に評価するための体系的で，独立し，文書化された**プロセス**（3.27）．

注記1　監査は，内部監査（第一者）又は外部監査（第二者又は第三者）のいずれでも，複合監査（複数の分野の組合せ）でもあり得る．

注記2　"監査証拠"及び"監査基準"は，ISO 19011において定義されている．

3.2
監査員
監査（3.1）を行うための，実証された個人的特質及び**力量**（3.7）をもった人．

注記1　監査員に関連する個人的特質は，ISO 19011において記述されている．

3.3
監査基準
審査証拠(3.4)と比較する基準として用いる,一連の方針,手順又は要求事項.

3.4
監査証拠
監査基準(3.3)に関連し,かつ検証できる,記録,事実の記述又は他の情報.

3.5
利用できる最善の情報
使用されているデータ若しくは数理モデルに関する既知の限界,又は専門家間の相違の可能性を考慮に入れた,組織にとって利用可能な情報.
注記1　証拠,科学的安全性研究,経験,意見,観察,予測,専門家の判断などの情報源を含む.
注記2　利用可能性は,組織の資源に依存する.

3.6
コミットメント
マネジメントシステム(3.16)に対する取り組み及び献身の度合い.

3.7
力量
意図した結果を達成するために,知識及び技能を適用する能力.

3.8
適合
要求事項(3.28)を満たしていること.

3.9
継続的改善
パフォーマンス(3.23)を向上するために繰り返し行なわれる活動.

3.10
修正

検出された**不適合**(3.19)を除去するための処置.

3.11
是正処置

不適合(3.19)の原因を除去し,再発を防止するための処置.

3.12
死亡

道路交通衝突事故(3.33)の直接的な結果として人間の生命が失われること.

注記1　国際的に広く受け入れられている道路交通死亡者の定義は,"道路交通衝突事故の直接的な結果として,殺された又は30日以内に死亡した一人又は複数の人"であり,自殺は含まれない.国によっては,これ以外の定義もあり得る.

3.13
文書化された情報

組織(3.21)が管理し,維持するよう要求されている情報,及びそれが含まれている媒体.

注記1　文書化された情報は,あらゆる形式及び媒体の形をとることができ,あらゆる情報源から得ることができる.

注記2　文書化された情報には,次に示すものがあり得る.

― 関連する**プロセス**(3.27)を含む,**マネジメントシステム**(3.16)

― 組織の運用のために作成された情報(文書類)

― 達成された結果の証拠(記録)

3.14
有効性

計画した活動が実行され,計画した結果が達成された程度.

3.15
利害関係者
ある決定事項又は活動に影響を与え得るか,その影響を受け得るか又はその影響を受けると認識している,個人又は**組織**(3.21).

注記1 利害関係者は,従業員,契約者,供給者,顧客及びその他の影響を受ける第三者が含まれる.ただし,これらに限定されない.

3.16
マネジメントシステム
方針(3.24)及び**目標**(3.20)並びにそれらの目標を達成する**プロセス**(3.27)を確立するための,相互に関連する又は相互に作用する,**組織**(3.21)の一連の要素.

注記1 一つのマネジメントシステムは,単一又は複数の分野を取り扱うことができる.

注記2 システムの要素には,組織の構造,役割,責任,計画,運用などが含まれる.

注記3 マネジメントシステムの適用範囲としては,組織全体,組織内の固有で特定された機能,組織内の固有で特定された部門,複数の組織の集まりを横断する一つ又は複数の機能,などがあり得る.

3.17
測定
値を決定する**プロセス**(3.27).

3.18
監視
システム,**プロセス**(3.27)又は活動の状況を明確にすること.

注記1 状況を明確にするために,点検,監督,又は,注意深い観察が必要な場合もある.

3.19

不適合

要求事項(3.28)を満たしていないこと．

3.20

目標

達成すべき結果．

注記1　目標は，戦略的，戦術的又は運用的であり得る．

注記2　目標は，様々な領域に関連し得るものであり［例えば，財務，安全衛生，環境の到達点（goal）］，様々な階層で適用できる［例えば，戦略的レベル，組織全体，プロジェクト単位，製品ごと，**プロセス**(3.27)ごと］．

注記3　目標は，例えば，意図する成果，目的（purpose），運用基準など，別の形で表現することもできる．また，RTS目標という表現の仕方もある．又は，同じような意味をもつ別の言葉［例：狙い（aim），到達点（goal），目標（target）］で表すこともできる．

注記4　RTSマネジメントシステムの場合，組織は，特定の結果を達成するため，RTS方針と整合のとれたRTS目標を設定する．

3.21

組織

自らの**目標**(3.20)を達成するため，責任，権限，相互関係を伴う独自の機能をもつ，個人又は人々の集まり．

注記1　組織という概念には，法人か否か，公的か私的かを問わず，自営業者，会社，法人，事務所，企業，当局，共同経営会社，非営利団体若しくは協会，又はこれらの一部若しくは組合せが含まれる．ただし，これらに限定されるものではない．

3.22

外部委託する（動詞）

ある**組織**（3.21）の機能又は**プロセス**（3.27）の一部を外部の**組織**（3.21）が実施するという取決めを行なうこと．

注記 1　外部委託された機能又は**プロセス**（3.27）は**マネジメントシステム**（3.16）の適用範囲内にあるが，外部の**組織**（3.21）はマネジメントシステムの適用範囲の外にある．

3.23

パフォーマンス

測定可能な結果．

注記 1　パフォーマンスは，定量的又は定性的な所見のいずれにも関連し得る．

注記 2　パフォーマンスは，活動，**プロセス**（3.27），製品（サービスを含む），システム，又は，**組織**（3.21）の運営管理に関連し得る．

3.24

方針

トップマネジメント（3.45）によって正式に表明された，**組織**（3.21）の意図及び方向付け．

注記 1　RTS 方針は，行動のための枠組み，並びに **RTS 目標**（3.20）及び **RTS 詳細目標**（3.43）を設定するための枠組みを提供する．

3.25

予防処置

起こり得る**不適合**（3.19）の原因を除去するための処置．

3.26

手順

活動又は**プロセス**（3.27）を実行するために規定された方法．

3.27
プロセス

インプットをアウトプットに変換する，相互に関連する又は相互に作用する一連の活動．

3.28
要求事項

明示されている，通常暗黙のうちに了解されている若しくは義務として要求されている，ニーズ又は期待．

注記1 "通常暗黙のうちに了解されている"とは，対象となるニーズ又は期待が暗黙のうちに了解されていることが，組織及び利害関係者にとって，慣習又は慣行であることを意味する．

注記2 規定要求事項とは，例えば，文書化された情報の中で，明示されている要求事項をいう．

3.29
リスク

不確かさの影響．

注記1 影響とは，期待されていることから，好ましい方向又は好ましくない方向にかい（乖）離することをいう．

注記2 不確かさとは，事象，その結果又はその起こりやすさに関する，情報，理解又は知識に，たとえ部分的にでも不備がある状態をいう．

注記3 リスクは，起こり得る**事象**（ISO Guide73:2009の3.5.1.3に定義されているとおり）及び**結果**（ISO Guide 73:2009の3.6.1.3に定義されているとおり），又はこれらの組合せについて述べることによって，その特徴を示すことが多い．この国際規格において，RTS関連のリスクは，衝突事故（事象）と死亡と重大な負傷（結果）を指す．

注記4 リスクは，ある事象（その周辺状況の変化を含む．）の結果とその発生の**起こりやすさ**（ISO Guide73:2009の3.6.1.1に定義されている

とおり）との組合せとして表現されることが多い．

3.30

道路

隣接した領域を含む，車両及び人々が移動のために利用する面．

注記1 鉄軌道は，その鉄軌道が道路上を交差している場合，又は道路上で運転される路面電車である場合，道路に含まれる．

3.31

道路網

与えられた領域内の，**道路**（3.30）のシステム

3.32

道路交通

原動機を用いた，及び原動機を用いない**道路**（3.30）の利用

3.33

道路交通衝突事故

死亡（3.12），あらゆる負傷又は損害を引き起こす，**道路**（3.30）上での衝突又は衝撃（impact）．

注記1 この国際規格における**組織**（3.21）の力点は，長期的には，道路交通衝突事故から生じる，死亡及び**重大な負傷**（3.44）の予防にあり，中間としては，目標とされた改善にある．

3.34

道路交通インシデント

道路交通システム（3.36）の構成要素又は外部要因の不備によって生じる出来事．

注記1 インシデントは，**道路交通衝突事故**（3.33）及びニアミスを含むが，これらに限定されない．

注記2 その不備がインシデントを引き起こす可能性のある構成要素の例には，**道路利用者**（3.37），車両，**道路**（3.30），又は稲妻又は動物など

の予測できない外部要因が含まれる.

3.35
道路交通安全
RTS
道路利用者（3.37）の死亡又は重大な負傷に影響を与える，又はその可能性のある，**道路交通衝突事故**（3.33）又は他の**道路交通インシデント**（3.34）に関連する条件及び要因.

3.36
道路交通システム
道路（3.30），車両，救急医療システム，及び**道路利用者**（3.37），並びにそれらの相互関係.

3.37
道路利用者
道路（3.30）上にいるあらゆる人.

3.38
RTS の不備
道路利用者（3.37）の死亡又は重大な負傷を導く，又はその可能性のある，**道路交通衝突事故**（3.33）及び他の**道路交通インシデント**（3.34）の原因となると特定された，**道路交通システム**（3.36）に関連する条件及び要因の出現　※訳注：下線部原文誤植修正

3.39
RTS 是正処置
道路交通衝突事故（3.33）の原因を除去する処置

3.40
RTS パフォーマンス
RTS（3.35）への貢献に関する，**組織**（3.21）のマネジメントの測定可能な結果

注記1　RTSマネジメントシステムに関していえば，結果は，**組織**（3.21）の **RTS方針**（3.24），**RTS目標**（3.20），**RTS詳細目標**（3.43）及びその他のRTSパフォーマンス要求事項に対して測定され得る．

3.41

RTSパフォーマンスファクター

組織（3.21）が影響を及ぼすことができて，かつ**組織**（3.21）がそれを用いて**RTS**（3.35）への影響を判定できる，**RTS**（3.35）に貢献する測定可能な要因，要素及び基準

注記1　RTSパフォーマンスファクターは，請負者及び下請者を含め，**組織**（3.21）が **RTSパフォーマンス**（3.23）の変化を判定することを可能にする．組織の活動における具体的で測定可能な要素であり，組織がパフォーマンスを経時的に追跡するときに利用される．

3.42

RTS予防処置

道路交通衝突事故（3.33）の**リスク**（3.29）を低減又は除去する処置

3.43

RTS詳細目標

方針（3.24）及び**RTS目標**（3.20）と整合した，**組織**（3.21）が自らに対し又は**利害関係者**（3.15）と共に適用する，達成すべき，詳細化したパフォーマンス（3.23）．　※訳注：下線部原文誤植修正

3.44

重大な負傷

道路交通衝突事故（3.33）によって引き起こされる，人体又はその機能に対する，長期的な健康的影響，又は軽度でない危害，を伴う負傷．

注記1　重大な負傷の定義は，負傷者の入院期間に基づき，国によって様々である．重大さの度合いも，医学的診断による場合と，道路交通衝突事故の結果として生じた障害の程度による場合がある．国によっては，こ

れら以外の定義があり得る．

3.45

トップマネジメント

最高位で**組織**（3.21）を指揮し，管理する個人又は人々の集まり．

注記1 トップマネジメントは，組織内で，権限を委譲し，資源を提供する力をもっている．

注記2 マネジメントシステム（3.16）の適用範囲が組織の一部だけの場合は，トップマネジメントとは，組織内のその一部を指揮し，管理する人をいう．

1.4 要求事項の解説

4 組織の状況

本規格の箇条4は，RTSに関する組織の現在の位置を確立することについて，記載されている．本箇条の要求事項は大きく二つに分かれており，

① 組織が組織自身の置かれている状況を正しく理解すること(4.1及び4.2)

② ①の結果，組織がRTSマネジメントシステムを適用する範囲を決定し，当該範囲においてRTSマネジメントシステムを確立し，実施し，維持

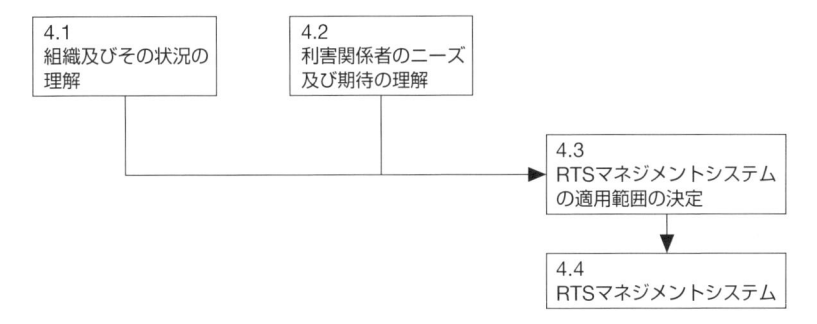

図1.3 4「組織の状況」の箇条関連イメージ

し，継続的に改善すること（4.3 及び 4.4）
が求められている．

ISO 39001：2012

4.1　組織及びその状況の理解

組織は，組織の目的に関連し，かつ，その RTS マネジメントシステムの意図した成果を達成する組織の能力に影響を与える，外部及び内部の課題を決定しなければならない．

組織は，次の事項を行わなければならない．

— 道路交通システムの中で組織の役割を特定する．
— RTS に影響を及ぼす可能性のある，組織のプロセス，関連する活動，及び機能を特定する．
— それらのプロセス，活動及び機能の配列順序及び相互関係を決定する．

解　説

4.1 では，RTS マネジメントシステムの意図した成果を達成するための組織の能力に影響を与える外部及び内部の課題を決定することが求められている．「意図した成果」とは，本規格を適用した結果として組織が"意図する"ものであり，例えば"死亡・重大な負傷事故の撲滅"などである．

道路交通安全は，組織単独の力で実現できるわけではなく，道路交通システムの全ての関係者が複雑に影響しあって成り立っている．そのため，組織が自らの置かれている状況を正しく理解し，道路交通安全の意図した成果を達成するために活動するには，組織外部の課題を整理する必要がある．なお，ここでいう道路交通システムとは，道路，車両，救急医療システム，及び道路利用者，並びにそれらの相互関係である．

外部の課題とは，交通違反の厳罰化，交通事故に対する社会の注目度，他の道路利用者による無謀な運転の増加，歩行者や乗客の高齢化による身体的能力の低下，車両の安全性の向上など，RTS に影響を与える社会環境の変化である．このような社会環境は常に変化しているため，組織は継続的に環境の変化をと

1.4 要求事項の解説

らえ，対応する必要がある．

そして，内部の課題もまた，組織の能力に大きな影響を及ぼす．RTS に必要な人的資源や技術及びハードウエア，資金等が十分であるかどうかが重要なことは当然のこととして，RTS に対する組織の認識，安全文化の定着度なども，RTS マネジメントシステムの意図した成果の達成に大きな影響を及ぼす．

組織は外部及び内部の課題を明確化するため，まず下記を行う必要がある．

① 道路交通システムの中における自組織の役割を特定し，
② 自組織において RTS に影響を及ぼす可能性のあるプロセスとその業務内容・機能を特定し，
③ それらのプロセス，活動及び機能の配列順序と相互関係を明確にする

自動車運送事業者を例にあげると次のようになる．

① 事業者は安全な車両を維持し，安全に道路及び車両を使用し，顧客に対して輸送サービスを提供すること．また，事故等が発生した場合には迅速な緊急時対応ができることなどが役割であるといえる．
② RTS に影響を及ぼす組織の体制として"運行部"，"整備部"，"安全管理部"といった部門があれば，それぞれに対して"安全な運行の徹底"，"不具合の発生しない整備や点検"，"安全管理業務の統括"という業務があることになる．
③ それらの部門及び業務が，相互にどのような影響を与えあって，総合的に事業者として道路交通安全を実現しているかを明確にすることで，組織内部のシステムの不具合や課題等を洗い出し，明確化していく必要がある．

ISO 39001:2012

4.2 利害関係者のニーズ及び期待の理解

組織は，次の事項を決定しなければならない．

— RTS マネジメントシステムに関連する利害関係者

42　　第 1 章　道路交通安全マネジメントシステムの要求事項の解説

─　その利害関係者の要求事項
─　法的要求事項及び組織が同意する RTS に関連するその他の要求事項

解　説

　組織内部における多くの活動や機能は，組織自身によって管理することができる．しかし，RTS においては，複数の道路交通システムの利用者が複雑に影響を及ぼしあっている．そのため，組織は，自らが死亡及び重大な負傷を減らす上で，自組織の RTS マネジメントシステムに関連する利害関係者を決定する必要がある．

　次に，その利害関係者を決定した上で，それらが自組織に対してどのようなニーズをもっているか，またどのような期待をしているかを明らかにする必要がある．これによって，道路交通システムの中における自組織の役割がより明確になる．

　なお，国や地方自治体の定める法令や業界団体等のルールは，利害関係者による明確な要求事項である．そのため，組織は利害関係者のニーズ及び期待を理解する上で，RTS に関連する法的及びその他の要求事項を決定する必要がある．

　これらの作業は，今後，組織の RTS マネジメントシステムの適用範囲の決定，RTS 方針の確立，リスク及び機会の洗い出し，RTS 目標及び RTS 詳細目標の設定をする際の重要な考慮事項となる．

　最後に，7.5「コミュニケーション」と関連して，利害関係者や利害関係者の要求事項は日々変化し，法令及びルール等も改正されることから，その動向を常に把握する仕組みの構築もマネジメントシステム構築の上で重要である．

ISO 39001:2012

4.3　RTS マネジメントシステムの適用範囲の決定

組織は，RTS マネジメントシステムの適用範囲を定めるために，その境界及び適用可能性を決定しなければならない．

1.4 要求事項の解説

> 組織はこの適用範囲を決定するとき,次の事項を考慮しなければならない.
> — 4.1 に規定する外部及び内部の課題
> — 4.2 に規定する要求事項 及び
> — 箇条 6 に規定した計画に関する要求事項
>
> 組織は,自らの RTS マネジメントシステムの意図する成果を決定しなければならない.この成果には,組織が影響し得る道路交通衝突事故における死亡と重大な負傷の数の削減,そして最終的にはそれらをゼロにすることを含まなければならない.
>
> RTS マネジメントシステムの適用範囲は,文書化された情報として利用可能な状態にしておかなければならない.

解　説

　組織は,RTS マネジメントシステムを組織全体に適用するか,あるいは組織の特定の部門に適用するかを選択することができる.適用範囲を決定する際に考慮すべき事項には様々なものがあるが,特に 4.1 に規定する「外部及び内部の課題」,4.2 に規定する要求事項,そして箇条 6「計画」に関する要求事項については考慮しなければならない.

　また,規格ではこの適用範囲について,文書化することを求めている.組織内に適用を除外した範囲がある場合,当該除外理由は RTS マネジメントシステムの信頼性に影響するため,同様に文書化しておくことが必要である.

　文書については,HLS では「文書化された情報」に統一されており,紙による文書だけではなく,"電子化された文書"を意識した表記となっている.詳しくは,7.6「文書化された情報」の解説（71 ページ）で記するが,本書において「文書」という単語を使用した際は,この定義に従うものとする.適用を決定した範囲内における組織の全ての RTS 関連活動,製品及びサービスは,RTS マネジメントシステムに組み込む必要がある.

> ─ ISO 39001:2012 ─
> **4.4 RTSマネジメントシステム**
> 組織は，この国際規格の要求事項に従って，必要なプロセス及びそれらの相互作用を含む，RTSマネジメントシステムを確立し，実施し，維持し，継続的に改善しなければならない．

解　説

　ここでは，組織がこの規格の要求事項に従って，RTSマネジメントシステムを確立し，実施し，維持し，継続的に改善することが求めてられいる．つまり，RTSマネジメントシステムのPDCAを回すことが求められていると考えればよい．

5　リーダーシップ

　本規格の箇条5は，組織のトップマネジメントがすべき事項を中心に記載されている．本規格におけるトップマネジメントとは，「最高位で組織を指揮し，管理する個人又は人々の集まり」と定義されており，例えば"代表取締役社長"のような個人に限定されてはいない．
　本箇条の要求事項として，大きく三つが求められている．
　　① トップマネジメントのリーダーシップ及びコミットメントを実証すること（5.1）
　　② トップマネジメントがRTS方針を確立すること（5.2）
　　③ RTSマネジメントシステムに関連した組織の役割に対する責任及び権限をトップマネジメントが割り当てること（5.3）

> ─ ISO 39001:2012 ─
> **5.1 リーダーシップ及びコミットメント**
> トップマネジメントは，次に示す事項によって，RTSマネジメントシステムに関するリーダーシップ及びコミットメントを実証しなければならない．

1.4 要求事項の解説

解　説

　本規格の特徴的な点として，トップマネジメントによるリーダーシップ及びコミットメントを強く求めていることがあげられる．

　「リーダーシップ」とは"指導力"のことで，トップマネジメントに対してその発揮を求めている．「コミットメント（commitment）」は日本語として適切に理解するのが難しい単語であり"関与（involvement）"のような間接的な力の行使よりも，むしろ"献身（commitment）"のように心血を注いで専念することを意味する．

　すなわち，トップマネジメントはRTSマネジメントシステムについて，指導力の発揮と自らの犠牲をいとわない献身的な関与を「実証（demonstrate）」しなければならないことになる．

　次に示す事項については，ぜひトップマネジメントに"献身的な"実践をしていただきたい．

ISO 39001：2012

― RTS方針及びRTS目標を確立し，それらが組織の戦略的な方向性と両立することを確実にする．
― 組織の事業プロセスへのRTSマネジメントシステム要求事項の統合を確実にする．
　　（中略：後述する）

注記　この国際規格で"事業"という場合，それは，組織の存在の目的の中核となる活動という広義の意味で解釈することが望ましい．

解　説

　冒頭に"―（ビュレット）"で示される文章を，以下"ビュレット"という．

　本ビュレットは，ISO Directives（ISO専門業務指針）として公開されているHLSの共通のテキストである．

　"組織の戦略的な方向性とRTS方針及びRTS目標"，"事業プロセスとRTSマネジメントシステム要求事項"の統合を確実にすることが明記されている．

このことは，ともすれば，事業プロセスとは別にマネジメントシステムを構築することが起こり得たこれまでのマネジメントシステム規格とは異なり，本規格が「事業（Business）」とマネジメントシステムの統合を明確に求めており，"マネジメントシステムの有効性＝目に見える成果"を重視していることを意味している．この点で，RTS方針及びRTS目標を策定する際の事業背景が重要となる．

道路交通安全の確保は，組織活動のあらゆる場面において実現する必要があり，RTSマネジメントは事業活動と一体化して展開される必要がある．組織の事業のあり方を決めることは，トップマネジメントの役割であることから，トップマネジメントが積極的にリーダーシップとコミットメントを発揮し，組織の事業目的及び事業プロセスに根差したマネジメントシステムの構築を実践することが重要である．

ISO 39001:2012
— RTSマネジメントシステムに必要な資源が利用可能であることを確実にする．

解　説

本ビュレットは，HLSに組み込まれた共通テキストである．主に7.2「資源」に関するトップマネジメントの責務について記載してある．

ISO 39001:2012
— 中間で達成すべきRTS結果について決定するだけでなく，道路交通衝突事故における死亡及び重大な負傷ゼロを長期のRTS目標として採用する．

解　説

本ビュレットはHLSに追加された本規格固有のテキストであり，6.4「RTS目標及びそれを達成するための計画策定」との関係性が最も高い部分である．他の規格においてマネジメントシステムの目標は，組織が内発的に決定するこ

1.4　要求事項の解説　　　　　　　　　47

とが多いが，本規格においては組織が採用すべき長期の目標を指示している．

　このことは，RTS マネジメントシステムを採用したあらゆる組織の目標の方向性を，ぶれることなく「死亡及び重大な負傷の除去」に向かわせている．結果として，本規格が企図している「死亡及び重大な負傷の除去」という成果の達成と整合している．

　トップマネジメントは，RTS 目標及びそれを達成するための計画策定をする際に，死亡及び重傷の除去を長期の RTS 目標として採用する必要がある．

―――――――――――――――――――――――― ISO 39001:2012 ―
― 確立した RTS 目標を達成するために安全な道路交通システムへの貢献を果たす上で，利害関係者と提携し，協力しながら業務を行う．

解　説

　本ビュレットは HLS に追加された本規格固有のテキストであり，4.2「利害関係者のニーズ及び期待の理解」や 7.1「連携」及び 7.5「コミュニケーション」と関係がある部分である．前述のとおり，安全な道路交通システムの実現には，複雑に影響を及ぼしている複数の道路交通システムの利用者との協力が不可欠となる．そのためトップマネジメントは利害関係者と提携し，協力しながら業務を行うことをコミットメントしなければいけない．

―――――――――――――――――――――――― ISO 39001:2012 ―
― 組織が望ましい RTS 結果を達成するためのプロセスアプローチを採用することを確実にする．また，それによって，組織の関連する全ての階層での透明なプロセス及び適切な参画を確実にする．
― RTS マネジメントシステムの意図した成果を達成するために，利用できる最善の情報に基づき，戦略的な行動を優先付け，特定の行動計画を選択する．

解　説

　上記ビュレットは HLS に追加された本規格固有のテキストである．

> ― 有効な RTS マネジメント及び RTS マネジメントシステム要求事項への適合の重要性を伝達する．
>
> ISO 39001:2012

解　説

上記ビュレットは HLS に組み込まれた共通テキストである．主に 7.5「コミュニケーション」に関するトップマネジメントの責務について記載してある．

> ― RTS マネジメントシステムの確立，実施，維持及び継続的改善に必要な資源を提供する．
>
> ISO 39001:2012

解　説

上記ビュレットは，HLS に追加された本規格固有のテキストである．主に 7.2「資源」に関するトップマネジメントの責務について記載してある．

RTS マネジメントシステムの確立，実施，維持及び継続的改善には，人的資源・物的資源・資金・必要な情報の確保等が必要になる．組織として，そうした安全に対する投資の決定には，トップマネジメントの強いコミットメントが必要となるため，本規格の要求事項として独自に追加されている．

> ― RTS 結果に着目することによって RTS マネジメントシステムがその意図した成果を達成することを確実にする．
>
> ISO 39001:2012

解　説

上記ビュレットは，HLS に組み込まれた共通テキストである．HLS の特徴的な点として，「RTS 結果」や「意図した成果を達成」といった結果重視の概念が盛り込まれている．

> ─ RTSマネジメントシステムの意図した成果を達成することに関わる法令を順守することの重要性が，組織内の関連する要員に対して周知されることを確実にする．
>
> ― ISO 39001:2012

解　説

　上記ビュレットはHLSに追加された本規格固有のテキストである．内容としては，4.2「利害関係者のニーズ及び期待の理解」，7.3「力量」及び7.4「認識」と関連性がある部分である．法令順守について，トップマネジメントからその重要性の伝達を確実にすることが求められている．

　各国ともに道路交通安全の実現に関する法令が定められているが，その法令を順守するかどうかは，最終的には組織を構成する要員個人の判断によるところがある．

　法令順守の阻害要因としては，次の三点がある．

① 法令自体を知らない
② 法令は知っているが順守のための技術をもっていない
③ 法令は知っているが，順守する動機がない

　教育・訓練等により，①及び②の法令の知識や実践するための技量を身につけさせることは可能であるが，③の法令を順守する要員の態度をあらためるためには，トップマネジメントがリーダーシップを発揮して要員の態度を変容することが必要である．

　トップマネジメントは法令を順守する動機を高めるために，これらの重要性を伝えることはもちろん，法令を順守しないことによる不利益も明確に伝えること，また，トップマネジメント自らが法令順守を率先して垂範する姿勢を見せることが重要である．

> ─ ISO 39001:2012
> ─ RTS マネジメントシステムの有効性に貢献するよう人々を指揮し，支援する．
> ─ 継続的な改善を促進する．
> ─ その他の関連する管理層が，その責任の領域においてリーダーシップを実証するよう，その管理層の役割を支援する．

解　説

　上記ビュレットは HLS に組み込まれた共通テキストである．HLS の特徴的な点として，トップマネジメントが常に結果を達成するために，リーダーシップを発揮し，献身的に支援を実践することが求められている．

> ─ ISO 39001:2012
> **5.2　方針**
> トップマネジメントは，次の事項を満たす RTS 方針を確立しなければならない．
> a) 組織の目的に対して適切である．
> b) RTS 目標及び RTS 詳細目標設定のための枠組みを示す．
> c) 適用される要求事項を満たすことへのコミットメントを含む．
> d) RTS マネジメントシステムの継続的改善へのコミットメントを含む．
> 方針は，次に示す事項を満たさなければならない．
> ─ 文書化された情報として利用可能である．
> ─ 組織内に伝達される．
> ─ 必要に応じて，利害関係者が入手可能である．

解　説

　RTS 方針とは，RTS マネジメントシステムにおいて最上位となる文書化された情報である．そのため，経営トップがリーダーシップを発揮して，自らの道路交通安全への献身を示して確立すべきという考えから，本規格の箇条 5 に

1.4 要求事項の解説

記載されている．また，そのような重要な文書化された情報であるため，規格でその作成が明確に求められている数少ない文書化された情報の一つである．

RTS方針は，組織の目的に対して適切であることを考えると，汎用的な内容よりは，より自分の組織に独自のものを作成した方が有効である．

RTS方針は，文書化された情報として利用可能なこと以外に，組織内に伝達されること，必要に応じて利害関係者が入手可能であることが求められる．例えば，組織内のパブリックスペースに書面として掲示したり，自社のウェブサイト上に掲載することなどである．

ISO 39001：2012

5.3 組織の役割，責任及び権限

トップマネジメントは，関連する役割に対して，責任及び権限を割り当て，組織内に伝達することを確実にしなければならない．

トップマネジメントは，次の事項に対して，責任及び権限を割り当てなければならない．

a) RTSマネジメントシステムが，この国際規格の要求事項に適合することを確実にする．

b) RTSマネジメントシステムのパフォーマンスについて，改善のための提案を含め，トップマネジメントへ報告する．

解　説

RTSマネジメントシステムに関連する役割に対して，トップマネジメントが責任及び権限を適切な人に割り当てることが求められている．HLSの共通テキストを採用する以前のマネジメントシステム規格では「管理責任者」の選任を求めていた場合が多いが，本規格では当該の要求事項が設けられていない．ただし，本細分箇条の要求事項に基づいてトップマネジメントが責任及び権限を割り当てた者を，従来どおり管理責任者とよんでも全く問題はない．

6 計画

本規格の箇条6は，RTSマネジメントシステムのPDCAサイクルのP（計画）に該当し，RTSマネジメントシステムの成果を達成するために，最も重要な活動の一つである．

本箇条の要求事項では，大きくは次の三つが求められている．

① 組織のRTSパフォーマンスを見直し，リスク及び機会を特定すること（6.2）

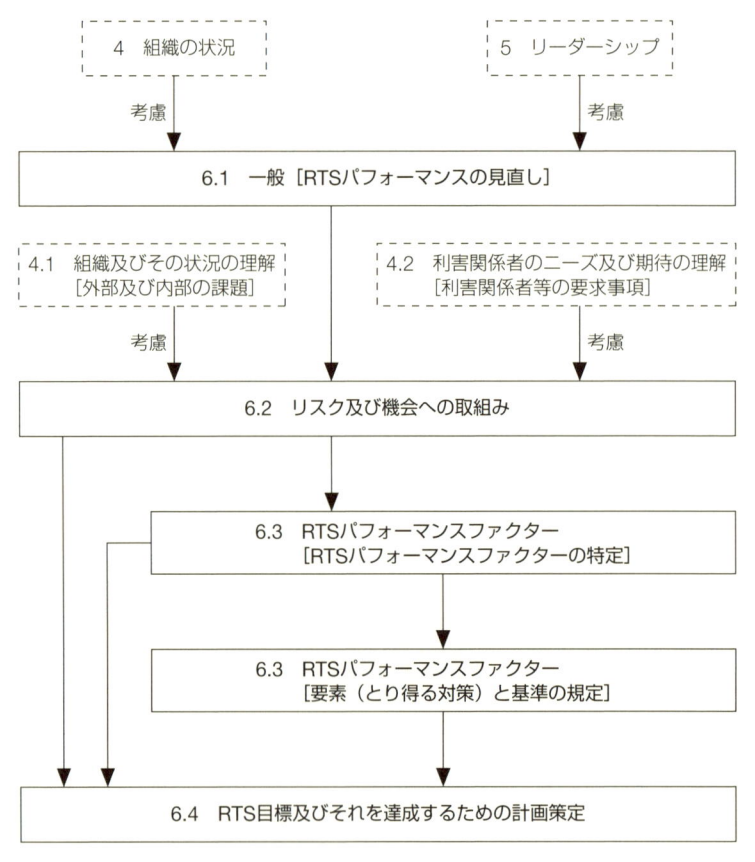

```
┌─────────────────┐              ┌─────────────────┐
│ 4  組織の状況    │              │ 5  リーダーシップ │
└────────┬────────┘              └────────┬────────┘
         │考慮                            │考慮
         ▼                                ▼
┌─────────────────────────────────────────────────┐
│    6.1  一般［RTSパフォーマンスの見直し］         │
└─────────────────────────────────────────────────┘
┌─────────────────────┐  ┌─────────────────────────┐
│ 4.1 組織及びその状況 │  │ 4.2 利害関係者のニーズ及び │
│    の理解           │  │    期待の理解            │
│  ［外部及び内部の課題］│  │ ［利害関係者等の要求事項］│
└──────────┬──────────┘  └────────────┬────────────┘
           │考慮                       │考慮
           ▼                           ▼
┌─────────────────────────────────────────────────┐
│       6.2  リスク及び機会への取組み               │
└─────────────────────────────────────────────────┘
                        │
                        ▼
┌─────────────────────────────────────────────────┐
│       6.3  RTSパフォーマンスファクター            │
│         ［RTSパフォーマンスファクターの特定］     │
└─────────────────────────────────────────────────┘
                        │
                        ▼
┌─────────────────────────────────────────────────┐
│       6.3  RTSパフォーマンスファクター            │
│         ［要素（とり得る対策）と基準の規定］      │
└─────────────────────────────────────────────────┘
                        │
                        ▼
┌─────────────────────────────────────────────────┐
│  6.4  RTS目標及びそれを達成するための計画策定     │
└─────────────────────────────────────────────────┘
```

図1.4 6「計画」の箇条関連イメージ

1.4 要求事項の解説

② 特定したリスク及び機会に対して，使用するRTSパフォーマンスファクター及びその要素と基準を特定すること（6.3）
③ RTS目標及びRTS詳細目標を確立し，その目標を達成するための計画を策定すること（6.4）

―― ISO 39001:2012 ――

6.1 一般

組織は，一連のプロセスとして，自らの現在のRTSパフォーマンスをレビューし，リスク及び機会を明確にし，取組むべき主要なRTSパフォーマンスファクターを選定し，長期にわたって何を達成することができるのか分析し，適切なRTS目標，RTS詳細目標及びそれらを達成するための計画を設定しなければならない．

現在のRTSパフォーマンスをレビューする際には，RTSに影響を及ぼす可能性のある，組織のプロセス，関連する活動及び機能に特別の注意を払いながら，組織の状況（箇条4参照）及び組織のリーダーシップ（箇条5参照）を考慮しなければならない．可能な場合には現在のRTSパフォーマンスを数値化し，関連するRTSパフォーマンスファクターを用いて，将来発生し得る影響に関するアセスメントを実施しなければならない．

解　説

本規格固有のテキストである．計画段階で組織が行うべき総論が述べられており，具体的内容は6.2以降に記載されている．

RTSパフォーマンスの見直しに関しては，組織の状況（4）及びトップマネジメントのリーダーシップ（5）を考慮することになっており，本規格の各箇条間の関係が明らかになっている．また，RTSパフォーマンスについては，可能な限り，数値化が求められている．

なお，RTSパフォーマンスとは，本規格において「RTSへの貢献に関する，組織のマネジメントの測定可能な結果」と定義されている．簡単にいえば，ある組織が自組織の道路交通事故発生"件数"を10％削減しようとRTSマネジ

メントシステムの中で試みた成果として，10％の事故"件数"削減を達成することができた場合，まさにその削減できた"件数"がRTSパフォーマンスといえる．直接的に交通事故を引き起こすことのないような組織，例えば，車両の整備会社等であれば，そのRTSパフォーマンスの指標は事故件数ではなく，整備不良率といった別の間接的指標に置き換えることもできる．

ISO 39001:2012

6.2 リスク及び機会への取組み

RTSマネジメントシステムの計画を策定するとき，組織は，4.1に規定する課題及び4.2に規定する要求事項を考慮し，次の事項について取り組む必要があるリスク及び機会を決定しなければならない．

— RTSマネジメントシステムが，その意図した成果を達成できることを確実にする．
— 望ましくない影響を防止，又は低減する．
— 継続的改善を達成する．

組織は，次の事項を計画しなければならない．

a) それらのリスク及び機会への取組み
b) 次の事項を行う方法
   — その取組みのRTSマネジメントシステムプロセスへの統合及び実施
   — それらの取組みの有効性の評価

解　説

　計画策定の第一段階として，組織はRTSマネジメントシステムの意図した成果を達成する組織の能力に影響を与える外部及び内部の課題，並びに利害関係者等の要求事項を考慮して，取り組むべき「リスク」及び「機会」を決定する．

　リスク及び機会に関しては理解に少し時間を要するので，6.2の要求事項を解説する前に，説明しておく．

1.4　要求事項の解説

【用語の定義】

```
──── ISO 39001:2012（再掲）────

3.29
リスク
不確かさの影響．
注記1　影響とは，期待されていることから，好ましい方向又は好ましくない方向にかい（乖）離することをいう．
注記2　不確かさとは，事象，その結果又はその起こりやすさに関する，情報，理解又は知識に，たとえ部分的にでも不備がある状態をいう．
注記3　リスクは，起こり得る**事象**（ISO Guide73:2009 の 3.5.1.3 に定義されているとおり）及び**結果**（ISO Guide 73:2009 の 3.6.1.3 に定義されているとおり），又はこれらの組合せについて述べることによって，その特徴を示すことが多い．この国際規格において，RTS 関連のリスクは，衝突事故（事象）と死亡と重大な負傷（結果）を指す．
注記4　リスクは，ある事象（その周辺状況の変化を含む．）の結果とその発生の**起こりやすさ**（ISO Guide73:2009 の 3.6.1.1 に定義されているとおり）との組合せとして表現されることが多い．
```

　上記のように，「リスク」は，"未来"に発生するかもしれない不確実性をもつものであり，好ましい方向又は好ましくない方向のどちらであっても，期待又は予想からかい離することをいう．

　ただし，道路交通安全のような安全分野においてリスクを考える際は，好ましくない方向（マイナス面）のかい離を考えることが大切である．このため，注記3において，本規格でいうリスクが「衝突事故（事象）と死亡と重大な負傷（結果）」を指すことが明記されている．例えば，運転手の高齢化に伴う事故や負傷のリスク，運行経路における交通量の増大に伴う事故や負傷のリスク，価格競争の激化に伴う長時間労働とこれに伴う事故や負傷のリスクなどである．したがって，6.2 でいうリスクも，このことを指している．

　他方，リスクとともに「機会」を特定することも求められている．規格原文

を見ると，機会は"opportunities"となっており，"chance"とはなっていない．英単語の意味として，"opportunities"は"よい時期・折"を意味し，"chance"は"偶然性を強調した機会"を意味する．したがって，両方の単語のもつ意味を勘案すると，ここでいう機会とは，組織が置かれている現状があるべき姿からかい離しており，今がそれを改善するよい時期・折であることを指していると考えればよい．例えば，車両が老朽化しており，安全性の高い車両に置き換えるよい時期・折や，不況のために仕事が少なく，乗務員の教育・訓練に力を入れるよい時期・折，規制が強化され，従来のマネジメントのやり方を見直すよい時期・折などである．

以上のリスクと機会についての理解を踏まえて 6.2 の内容を見ると，ここで求めているのは，箇条 4 で明らかにした外部及び内部の課題並びに利害関係者等の要求事項を考慮しながら，"未来"と"現在"に関する情報を総合的に分析及び評価して自らのパフォーマンスを見直し，RTS マネジメントシステムが意図した成果を確実に達成できるよう，望ましくない影響を防止・低減し，継続的改善を達成する上で取り組むべきリスクと機会を特定すること，これらのリスクと機会にどう取り組むかを決め，これらを RTS マネジメントシステムの中でどう実施していくか，それらの有効性をどう評価していくかについての計画を策定することであるとわかる．

これはまさに「予防処置」の概念であり，HLS を採用しているマネジメントシステム規格と ISO 9001 や ISO 14001 のような従来のマネジメントシステム規格とで大きく異なっている点の一つである．要求事項の中から「予防処置」という独立した細分箇条がなくなり，その概念が「リスク及び機会への取組み」に組み込まれている．

最後に，全てのリスク及び機会について対応を実施する必要があるわけではなく，限られた資源の中で事業が継続できるように計画を策定することを述べておく．詳しくは 6.4「RTS 目標及びそれを達成するための計画策定」を参照されたい．

1.4 要求事項の解説　　　57

———— ISO 39001:2012 ————

6.3 RTS パフォーマンスファクター

組織は，組織の状況（箇条4参照）及び自らが特定したリスク及び機会に応じて，使用する RTS パフォーマンスファクターを，次に示す，リスク暴露ファクター，最終安全成果ファクター及び中間安全成果ファクターのリストから特定しなければならない．

a) リスク暴露ファクター
　　— 組織によって影響を与える又は与えないに関わらず，車両及び道路利用者の種類による区分を含む移動距離及び交通量
　　— 組織が提供する製品及び／又はサービスの量

b) 最終安全成果ファクター（例えば，死亡及び重大な負傷の数）

解　説

　6.3 は本規格固有のテキストであり，最も特徴的な細分箇条といえる．ここでは，RTS パフォーマンスファクターとして，組織がその RTS マネジメントシステムにおいて考慮する必要のある，道路交通安全についての様々な要素が記述されている．示されている RTS パフォーマンスファクターは一般的に記載してあり，ほとんどの組織及び状況で使用可能となっている．また，道路交通安全に関して，既知の問題点（例えば，シートベルトの不装着や飲酒運転等）やその解決策に対応しており，過去からの経験則に基づくものでもある．

　組織は，RTS パフォーマンスファクターの"全て"を考慮した上で，自らの状況に基づいて優先順位をつけて採用し，目標及び詳細目標を計画していくことになる．

　「リスク暴露ファクター」は，組織がリスクにさらされる量に"影響をしているファクター"である．端的に述べれば，その値が2倍になれば，リスク（例：事故の発生確率）も2倍になるようなファクターである．

　それは，自動車運送事業者であれば"走行距離"であったり，レンタカー会社やオートリース会社であれば"サービス提供車両数"であったり，大型駐車

場や道路であれば"時間当たりの利用車両数"であるかもしれない．

組織は「リスク暴露ファクター」を本規格に記載されている項目又は独自に把握しているファクターによって特定する．

「最終安全成果ファクター」はまさに「成果（outcome）」である．これについては，リスク及び機会に対して組織が道路交通安全に取り組んだ結果として，どのような成果に結びつくかについて具体的に考慮し，そのファクターを特定する必要がある．

規格に記載されている例（死亡及び重大な負傷の数）をそのまま用いてもよい．また，道路交通安全の取組みがより進んでいる組織においては，独自に"交通事故件数"や"道路交通インシデントの発生件数"又は社会的若しくは経済的な指標に置き換えてもよい．また，マイナス側面でいえば"事故による損害金額"，"生産性の減少"，プラス側面でいえば"事故防止による経費節減額"などとすることもできる．

「リスク暴露ファクター」と「最終安全成果ファクター」の両方を特定するのはなぜであろうか．一般的に道路交通安全においてリスクを評価する際には，事故の発生件数や事故によって生じた被害の大きさといった「最終安全成果ファクター」に注目が行きがちである．しかし，リスクを正しく評価するためには，"最終結果"（例：事故件数）だけで把握せずに，「リスク暴露ファクター」（例：走行距離）で割り算することで，評価の原単位を明らかにし，同じ土俵の上でリスクの評価をする必要がある．それによって他組織や社会全体と比較した際に，自らのリスクがどの程度のものなのか，正しく比較することができる．

図 1.5 のような自動車運送事業者が存在すると仮定した場合，「最終安全成果ファクター」（この場合は"事故件数"）だけに注目して組織のリスクを見積もると，事業者 B は事業者 A の 2 倍も事故発生リスクが高いことになる．しかし，本規格では，「リスク暴露ファクター」を洗い出し，「最終安全成果ファクター」を適切な形で評価することとなっている．この例では，事業者 A・B ともに 10 万キロ当たりの事故件数は 1 件となり，事故発生リスクは実際のところ同レベルであるとわかる．

1.4 要求事項の解説

	リスク暴露ファクター	最終安全成果ファクター
自動車運送事業者 A	全車総走行距離：1000万キロ	事故件数：年間 100件
自動車運送事業者 B	全車総走行距離：2000万キロ	事故件数：年間 200件

事故件数だけ比較すると2倍

比較する単位（「リスク暴露ファクター」）を明らかにする

	リスク暴露ファクター	最終安全成果ファクター
自動車運送事業者 A	全車総走行距離：10万キロ	事故件数：年間 1件
自動車運送事業者 B	全車総走行距離：10万キロ	事故件数：年間 1件

図 1.5　自動車運送事業者でのリスク評価例

このように本規格では，RTS パフォーマンスについて，ただ「最終安全成果ファクター」だけを評価するのではなく，評価の原単位を明らかにすることを求めている．上記の考え方は，二つの組織で比較することに利用するだけではなく，自組織の総走行距離や車両数が昨年度より増えた又は減った場合にも，比較として利用することができる．

────────────────────────────── ISO 39001:2012 ─

c) 中間安全成果ファクター：これらの安全成果ファクターは，1）道路網並びにその中の製品及びサービスの，安全に関わる計画，設計及び利用，2）それらの製品，サービス及び利用者が道路網に入る及び出る時の条件，3）道路交通衝突事故被害者の回復及びリハビリテーションに関連している．

— 分離（車の往来及び脆弱な道路利用者），路側帯及び交差点設計を特に考慮した，道路の設計及び安全速度の設定

— 車両の種類，利用者，積荷の種類，及び装備に応じた，適切な道路の利用

— シートベルト，チャイルドシート，自転車用及びオートバイ用ヘルメット，視認性をよくする手段と被視認性をよくする手段などを特に考慮した，個人用安全装備の使用
— 車両の種類，交通量及び気象状況も考慮した，安全運転速度の利用
— 疲労，注意散漫，アルコール及び薬物を特に考慮した，運転者の適格性
— 移動・運搬のニーズ，移動・運搬の量及び形態，並びにルート，車両及び運転者の選択に関する考慮を含む，安全な運行計画
— 乗客・乗員の保護，他の道路利用者（他の乗客・乗員同様脆弱である）の保護，道路交通衝突事故の回避・緩和策，道路走行性，車両の可能積載重量，及び車両に搭載する積荷の安全確保を特に考慮した，車両の安全性
— 当該の等級の車両（二輪車両を含む）を運転するための適切な免許
— 不適格な車両及び運転者の道路網からの排除
— 衝突事故発生後の対応及び応急手当，緊急事態への準備，並びに衝突事故からの回復及びリハビリテーション

上記の RTS ファクターとの関連性が十分でない場合，組織は，付加的な RTS パフォーマンスファクターを策定しなければならない．付加的な RTS パフォーマンスファクターは，関連する道路交通インシデントを調査し，RTS の不備を特定することによって，策定しなければならない．

解　説

本規格の特徴の一つとして，組織は道路交通事故の安全対策をゼロから考慮する必要はなく，過去から蓄積された有識者の知見及び安全対策の実績を参考に，RTS パフォーマンスの改善につながるファクターが，カタログのように記載されている点がある．

「中間安全成果ファクター」は，「最終安全成果ファクター」と因果関係で結びついている．そして，組織はこの「中間安全成果ファクター」に最も多くの注意を払う必要がある．「中間安全成果ファクター」は，最終的な RTS パ

フォーマンスを改善することが知られている安全対策と，その安全対策がどこまで実施されているかを測るための尺度である．中間安全成果の例としては，"交通速度の適正化"，"保有車両の安全性格付けの向上"などが考えられる．

中間安全成果ファクターの考え方については，「要素」と「基準」の規定と同時に検討をした方が理解しやすいため，詳細は後に述べることとする．

ところで，なぜ"中間"安全成果なのかといえば，道路交通システムは，多数の関係者と共有責任を伴う開放型の複雑なシステムであり，死亡又は重大な負傷にいたる道路交通衝突事故（最終安全成果）が発生するのはまれであるため，安全対策と最終安全成果との間に空間的及び時間的な距離が大きくなることが考えられるからである．そこで，最終安全成果に結びついている安全成果だが，まだそこにいたる"中間"である中間安全成果が必要となる．

空間的距離を理解しやすくするための例をあげると，"営業所でとった対策（例えば，安全教育）が道路上で効果を発揮する"といったことである．また，時間的距離については"ある安全対策を実施したため，ある事故がなくなった"という因果関係が発生するには，時間がかかるということである．

組織はその状況に応じて，候補となる「中間安全成果ファクター」を全て考慮してから，RTSパフォーマンスを最も改善すると考えられる「中間安全成果ファクター」に焦点を絞る必要がある．

ただし，道路交通安全に関して先進国である日本では，すでに取組みが進んでいるところも多い．そのため，特定したリスク及び機会に対して規格に列記されているRTSパフォーマンスファクターだけでは関連性が十分でない場合がある．その場合，死亡又は重大な負傷につながる可能性のある道路交通インシデントを調査し，RTSの不備を特定することによって付加的なRTSパフォーマンスファクターを策定しなければならない．

ISO 39001:2012

選定したRTSパフォーマンスファクターに基づいて，組織は，RTS目標及びRTS詳細目標を決定し，監視し，測定するのに適した詳細さで，要

> 素及び基準を規定しなければならない。組織は，この情報を文書化し，常に最新のものに維持しなければならない。
>
> 例　シートベルトの使用は，RTS パフォーマンスファクター"個人用安全装備の使用"に関する要素及び基準の両方に相当する。RTS パフォーマンスファクター"車両の安全"については，需要者による安全格付けが要素に，格付け水準が基準に相当する。
>
> 注記　様々な種類の組織による RTS パフォーマンスファクターの使用に関する手引が附属書 A.11 に示されている。

解　説

　RTS パフォーマンスファクターの選定をした後，組織は「要素」と「基準」を規定しなければならない。例えば，「中間安全成果ファクター」において「個人用安全装備の使用」を選択した場合でいえば，「要素」とは個人用安全装備の使用を監視測定可能な詳細にまでブレイクダウンして考えたものである。この場合は"後部座席シートベルトの使用"が要素になり得る。単純に考えれば要素とは"具体的な安全対策"と解釈することも可能である。

　次に，この要素が実際にパフォーマンスをあげているかどうかを測定するためのものさしを定める必要がある。その測定するためのものさしが「基準」である。要素が"後部座席シートベルトの使用"の場合，その基準は，例えば"後部座席シートベルトの装着率"となる。

　さらに，その基準を使用して，何がどうなっていたらそれがよい成果であり，何がどうなっていたら悪い成果であるのかについて線引きをする。その"線"が安全成果の判断基準であり，RTS 詳細目標となる。そして，その RTS 詳細目標が積み重なると達成することができる，中・長期的な成果が RTS 目標となる。

　上記の流れをまとめると次のようになる。なお，RTS パフォーマンスファクターの選定から，要素及び基準を規定する流れについては，文書化された情報の保持が求められていることを忘れないようにしてほしい。

1.4 要求事項の解説

```
例
・中間安全成果ファクター……………………………個人用安全装備の使用
・後部座席シートベルトの使用………………………その要素
・後部座席シートベルトの装着率……………………その基準
・装着率100%…………………………………………その詳細目標
・車内事故ゼロ………………………………………目標（中・長期的な概念も可）
```

図 1.6 RTS パフォーマンスファクターの選定から目標及び詳細目標設定への流れ

6.3 の最後に，RTS パフォーマンスファクターの追加について述べる．追加のファクターは，「中間安全成果ファクター」だけではなく，「リスク暴露ファクター」や「最終安全成果ファクター」においても設定してよい．

例えば，創業以来事故がゼロ件の事業者が，「最終安全成果ファクター」において死亡事故の件数を目標にあげても，すでに毎年達成している目標に対する安全対策は有効性の把握が難しい．このような場合，有責事故発生件数等の測定しやすい目標に変えることが望ましい．

――― ISO 39001:2012

6.4 RTS 目標及びそれを達成するための計画策定

組織は，関連する部門及び階層において，RTS 目標を確立しなければならない．

RTS 目標は，次の事項を満たさなければならない．

― RTS 方針と整合している．
― （実行可能な場合）測定可能である．
― 適用される要求事項を考慮に入れている．
― 監視する．
― 伝達する．
― 必要に応じて，更新する．

組織は，RTS 目標及び RTS 詳細目標に関する文書化された情報を保持しなければならない．

> 組織は，そのRTS目標及びRTS詳細目標を確立し，レビューするに当たって，当該組織のマネジメント力について検討するだけでなく，6.2の自らのリスク及び機会，6.3のRTSパフォーマンスファクター，並びに6.3の要素及び基準を考慮に入れなければならない．また，技術上の選択肢，財政上，運用上及び事業上の要求事項，並びに利害関係者の見解も考慮しなければならない．

解　説

6.4は大きく二つに分かれており，前段ではRTS目標の確立について，後段ではその実現のための行動計画の策定について記載されている．

RTS目標については，六つのビュレットが満たされていることが要求されている．また，RTS目標及びRTS詳細目標については文書化が要求されており，その設定及びレビューにはいくつかの検討事項と考慮事項がある．当該のプロセスは少し複雑になっているため，図示すると図1.7のようになる．

```
【検討事項】                    【考慮事項】
組織の管理能力                  ・リスクと機会（6.2）
                               ・RTSパフォーマンスファクターの要素
                                 及び基準（6.3）
                               ・技術上の選択肢
                               ・財政上，運用上，事業上の要求事項
                               ・利害関係者の見解
        │検討                              │考慮
        ▼                                 ▼
【要求事項】
  6.4　RTS目標の確立
  ―RTS目標は，次の事項を満たさなければならない．
  ―RTS方針と整合している．
  ―（実行可能な場合）測定可能である．
  ―適用される要求事項を考慮に入れている．
  ―監視する．
  ―伝達する．
  ―必要に応じて，更新する．
```

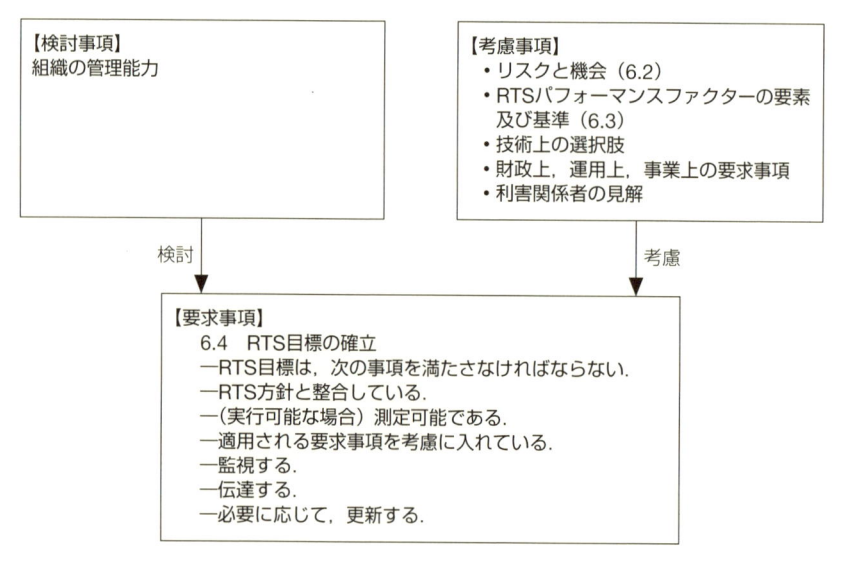

図1.7　RTS目標及びRTS詳細目標の確立イメージ

1.4　要求事項の解説

このプロセスには，例えば，そもそも組織の管理能力を超えた目標になっていないかどうかの検討，財政上や運用上，事業上の要求事項を考慮等，号令だけで実行力のない目標を避け，有効な目標を確立するための要求事項が組み込まれている．

ISO 39001:2012

組織は，RTS目標及びRTS詳細目標をどのように達成するかについて計画するとき，次の事項を決定しなければならない．
— 実施事項
— 必要な資源
— 責任者
— 達成期限
— 結果の評価方法

行動計画は文書化され，必要に応じてレビューされなければならない．

注記1　附属書A.6.3は，RTS詳細目標の階層の例を提供している．

注記2　各々のRTS目標及びRTS詳細目標の測定をどのように行うかについては，組織のアウトプットと，6.3のRTSパフォーマンスファクター，並びに6.3の要素及び基準に基づき特定することができる．

解　説

6.4の後段では，目標実現のための行動計画の策定について記載されている．決定する事項として，五つのビュレットが要求されている．いずれも実施事項の確実な履行に重要な要素となってくるため，確実に決定しておくべき事項である．五つのビュレットはHLSの共通テキストであり，「必要な資源」を明確に決定する必要がある点としてあげていることからも，行動計画策定プロセスの確実な実施を重視していることがわかる．

また，RTS目標の確立においては，文書化された情報の保持を要求していたのに対し，それを達成するための計画の策定に関しては，文書化された情報の策定及び必要に応じた見直しを要求している．

7 支援

> ─ ISO 39001:2012 ─
> **7.1 連携**
> 組織は，RTS に関連する行動から潜在的な利益を実現するために，組織内の関連する階層及び機能（一般には，従業員の参画を含む）並びに利害関係者と連携しなければならない．組織は，策定された RTS 目標及び RTS 詳細目標を達成するために設計された活動について，内部及び外部の協議及び連携が適切に行われることを確実にしなければならない．

解　説

　道路交通安全においては，複数の道路交通システムの利用者が複雑に影響を及ぼしあっているため，組織は自らの RTS 目標を達成するために，自組織だけでは解決できない事項については利害関係者との協調・協議を行いながら実現していくことが重要である．

　例えば，荷主から安全運転速度を実現するには無理がある運行指示を受ければ，貨物自動車運送事業者は安全な運行ができなくなってしまう．その際には荷主という利害関係者と連携をとらなければならない．

　他にも，信号のない交差点において，飛び出しによる事故が発生するようであれば，信号の設置について所轄の警察と連携を図る．また，事故が多発する，あるいは"開かずの踏切"があれば，鉄道会社と調整を図る．学校の付近で子どもの飛び出しが多いようであれば，学校と連携を図るなど，道路交通安全に関連する様々な利害関係者との連携を適切に実施しなければならない．

> ─ ISO 39001:2012 ─
> **7.2 資源**
> 組織は，策定した RTS 目標及び RTS 詳細目標を達成するために，RTS マネジメントシステムの確立，実施，維持及び継続的改善に必要な資源及び割り当ての枠組みを決定し，提供しなければならない．

> 注記　資源には，人的資源及び専門的技能，組織的なインフラストラクチャー，技術並びに資金が含まれる．

解　説

5.1「リーダーシップ及びコミットメント」においても，トップマネジメントには，RTS マネジメントシステムに必要な資源が利用可能であることを確実にすることへのリーダーシップとコミットメントが要求されている．それを実現するためには，必要な資源を明確にし，確実に提供できる仕組みを RTS マネジメントシステムに組み込んでおかなければならない．

また，6.4「RTS 目標及びそれを達成するための計画策定」の行動計画の策定についても，必要な資源の決定が要求されている．

トップマネジメントを含め，組織は RTS マネジメントシステムを運用管理していく上で，人的資源・物的資源・資金・必要な情報の確保等の手当てをしなければならない．

ISO 39001:2012

7.3　力量

組織は，次の事項を行わなければならない．

— 組織の RTS パフォーマンスに影響を与える業務をその管理下で行なう人（又は人々）に必要な力量を決定する．
— 適切な教育，訓練，又は経験に基づいて，それらの人々が力量を備えていることを確実にする．
— 該当する場合には，必ず必要な力量を入手する処置をとり，とった処置の有効性を評価する．
— 力量の証拠として，適切な文書化された情報を保持する．

注記　適用される処置は，例えば，現在雇用している人々に対する，訓練の提供，指導の実施，配置転換の実施などがある．又は，力量を備えた人々の雇用，そうした人々との契約提携などもある．

解　説

　組織は，組織のRTSパフォーマンスに影響を与える人々に「必要な力量」を定めて，適切な教育や訓練を実施しなければならない．必要な力量とは，例えば，直接自動車を運転する自動車運送事業者のドライバーについていえば，安全に運転をする技能や安全運転のための正しい知識などである．また，自動車運送事業者の運行管理者であれば，ドライバーに対する指導方法や安全運転管理の知識などが該当する．

　7.3では，それらの力量を備えていることを確実にすることと，その力量獲得のための教育・訓練に関する有効性の評価が求められている．この場合，有効性の評価とは，教育・訓練の意図した達成レベルに対して，教育・訓練を実施した結果，どの程度当該レベルに近づいたかどうかを評価することである．つまり，教育・訓練においては，実施するだけではなく，目指すべき達成レベルの設定と成果の把握が必要となる．

　また，7.3では，いわゆる新入社員に対して力量をもたせることだけを想定しているのではなく，人事異動等によって必要とされる力量が変わった場合の訓練や，そもそも力量のある人材を中途採用したり，外部委託契約によって力量のある人材を獲得することも，力量の確保として認めている．

　この力量の獲得にもその証拠として，文書化された情報が求められているので，教育・訓練の結果を文書化された情報として保持しておくことが必要である．

ISO 39001:2012

7.4　認識

組織の管理下で働き，自らの業務の中でRTSによって影響を受ける，又はRTSに影響を及ぼす人々は，次の事項に関して認識をもたなければならない．

　— RTS方針
　— RTSパフォーマンスの向上によって得られる便益を含む，RTSマネジメントシステムの有効性に対する自らの貢献

― RTSマネジメントシステム要求事項に適合しないことの意味
― 組織が経験し,主要な関連する道路交通インシデントに関する情報及び教訓

解　説

　7.4では,RTSマネジメントシステムを運用管理している組織で働いている人々が,RTS方針,RTSによる便益及び不利益,果たすべき役割,過去に組織が経験又は学習した道路交通インシデントについて認識(自覚)することを求めている.

　他の細分箇条との関連でいえば,5.2「方針」において,RTS方針は組織内に伝達されることが求められているのに対応し,7.4においてもRTS方針が認識されていることが求められている.

　また,HLSによる共通テキストであるが,RTSマネジメントシステムの有効性に対する自らの貢献について,RTSパフォーマンスの向上によって得られる便益を含めて認識されることが要求されている.これにより組織の管理下で働いている人々がマネジメントシステムの便益を理解せずに従事することで発生する,マネジメントシステムの運用管理に対するモチベーションの低下への対応が図られている.

　組織は,RTSパフォーマンスの向上によって得られる便益について,明確に示す必要がある.それには道路交通事故による損失の減少だけではなく,保険料の削減による経営資源の増加,本来不必要である事故対応のための業務削減,ブランド価値の向上,CSR(企業の社会的責任)を果たすことなども含まれる.

　最後のビュレットにある「組織が経験し,主要な関連する道路交通インシデントに関する情報及び教訓」は,本規格固有の要求事項である.自組織において過去に発生した事故の記憶を風化させないことや,自組織で発生していない場合は,社会的に影響の大きかった同業他社による事故等を参考にすることによって,安全運転への意識を高めることが狙いである.近年では,ドライブレ

コーダー，映像に関するIT技術の発達及び普及によって，追体験をすることが容易になっている．

ISO 39001：2012

7.5 コミュニケーション

組織は，次の事項を含む，RTSマネジメントシステムに関連する内部及び外部のコミュニケーションを実施する必要性を決定しなければならない．

― コミュニケーションの内容（何を伝達するか.）
― コミュニケーションの実施時期
― コミュニケーションの対象者

組織は，組織内の様々な階層及び機能，並びに利害関係者を考慮し，コミュニケーションのプロセスを確立し，実施し，維持しなければならない．

組織は，その内部及び外部の利害関係者に関与し，必要に応じて，それらの間に，RTS結果に長期的な焦点を当てる必要性，及びそれらを達成するための手段を普及することで，RTSパフォーマンスの継続的改善を支援しなければならない．

解　説

RTSマネジメントシステムの有効性を確保するには，RTSに影響を与えている複数の道路交通システムの利用者が，RTSの実現に向けてそれぞれの役割を果たすことが不可欠であり，内部はもちろんのこと，外部の利害関係者に対してもコミュニケーションを実施することが望ましい．

　7.1「連携」とも関連しているが，7.5ではより明確に，コミュニケーションの内容や実施時期，対象者を決定することを求めている．また，コミュニケーションにかかわるプロセスを確立し，実施し，維持することが求められている．

　さらに，本規格では表面的なコミュニケーションにとどまらず，必要に応じて内部及び外部の利害関係者に対する関与を行い，RTSパフォーマンスの改善等を支援しなければならないと要求されている．

具体的には，旅客自動車運送事業者（バスやタクシーなど）であれば，乗客に対する着席のよびかけ，後部座席のシートベルト着用の依頼等の啓発活動が該当する．また，貨物運送自動車事業者であれば，荷主と一体となった安全な輸送計画の実現や，下請事業者に対する安全管理支援等が該当する．

ISO 39001:2012

7.6 文書化された情報
7.6.1 一般
組織の RTS マネジメントシステムは，次の事項を含まなければならない．
— この国際規格が要求する文書化された情報
— RTS マネジメントシステムの有効性のために必要であると組織が決定した，文書化された情報

注記　RTS マネジメントシステムのための文書化された情報の程度は，次のような理由によって，それぞれの組織で異なる場合がある．
— 組織の規模，並びに，活動，プロセス，製品及びサービスの種類
— プロセス及びその相互作用の複雑さ
— 人々の力量

解　説

過去のマネジメントシステム規格においては"文書"と"記録"に区分されていたが，昨今の電子文書化に対応して「文書化された情報（Documented Information）」という統一された文言になっている．7.6 では紙及び電子の媒体を問わず，文書化された情報をどのように管理していくかについて記載されている．前述のように，あえて紙を意識させる"Document（文書）"や"Documentation（文書化）"という英単語は原文から削除されている．**表 1.2** に，本規格で要求されている文書化された情報の一覧を示す．

表 1.2 必須となる文書化された情報

細分箇条	タイトル	規格が要求する項目例	
		文書化された情報	状態
4.3	RTS マネジメントシステムの適用範囲の決定	適用範囲	利用可能な状態
5.2	方針	RTS 方針	利用可能
6.3	RTS パフォーマンスファクター	RTS パフォーマンスファクターに基づいて決定した RTS 目標及び RTS 詳細目標と規定した要素及び基準に関する情報	最新の状態で維持
6.4	RTS 目標及びそれを達成するための計画策定	RTS 目標及び RTS 詳細目標	保持しなければならない
		行動計画	必要に応じて見直し
7.3	力量	力量の証拠	情報を保持する
8.1	運用の計画及び管理	プロセスが計画どおりに実施されたことがわかる文書	保持
9.1	監視,測定,分析及び評価	監視,測定,分析及び評価結果の証拠	保持しなければならない
9.2	道路交通衝突事故及びその他の道路交通インシデント調査	道路交通衝突事故と他の道路交通インシデントの調査結果	維持されなければならない
9.3	内部監査	監査プログラムの実施及び監査結果の証拠	保持する
9.4	マネジメントレビュー	マネジメントレビュー結果の証拠	保持しなければならない
10.1	不適合及び是正処置	不適合の性質及びとられた処置,是正処置の結果	保持しなければならない

備考:詳しくは,規格の要求事項を参照.

───── ISO 39001:2012 ─────

7.6.2 作成及び更新

組織は,文書化された情報を作成及び更新する際,次の事項を確実にしな

1.4 要求事項の解説

　　　ければならない．
　　― 適切な識別及び記述（例えば，題名，日付，作成者，参照番号）
　　― 適切な形式（例えば，言語，ソフトウエアの版，図表）及び媒体（例えば，紙，電子媒体）
　　― 適切性及び妥当性に関する，適切なレビュー及び承認

解　説
　文書化された情報の作成及び更新に関しては，次の三つが求められている．
　① タイトルや作成日付，作成者等の識別が確実にできるための記述がしてあること
　② 形式や媒体等の使用に適切な形式になっていること
　③ 内容の適切性及び妥当性に関して適切なレビューや承認を受けていること

　文書化された情報の作成及び更新については，他のマネジメントシステムにおいても共通的に求められる事項であるため，既に他のマネジメントシステムを運用管理している場合には，様式の共通化を図るなどして，効率化を図ることが望まれる．

──── ISO 39001：2012 ─
7.6.3　文書化された情報の管理
RTS マネジメントシステム及びこの国際規格で要求されている文書化された情報は，次の事項を確実にするために，管理しなければならない．
　― 文書化された情報が，必要なときに，必要なところで，入手可能かつ利用に適した状態にある．
　― 文書化された情報が十分に保護されている（例えば，機密性の喪失，不適切な使用及び完全性の喪失からの保護）

組織は，文書化された情報の管理に当たって，該当する場合には，必ず次の行動に取り組まなければいけない．

― 配布，アクセス，検索及び利用
― 読み易さが保たれることを含む，保管及び保存
― 変更の管理（例えば，版の管理）
― 保持及び廃棄

RTSマネジメントシステムの計画及び運用のために組織が必要と決定した外部からの文書化された情報は，必要に応じて，特定し，管理しなければならない．

注記 アクセスとは，文書化された情報をただ見るだけの行為に対する許可に関する決定，文書化された情報を見て変更することに対する許可及び権限に関する決定などを意味する．

解　説

7.6.3では，大きくは次の三つが記述されている．

① 文書化された情報の管理に関する要求事項
② 管理に当たって組織が取り組む行動
③ 外部文書

①については，情報セキュリティにおける三大基本理念である"機密性"，"完全性"，"可用性"の観点が要求されている．具体的には，改ざんされないように機密が保たれていること，災害（火事，津波）やヒューマンエラー（お茶をこぼす，煙草で焦がしてしまう）等で情報の完全性が失われないように保全されていること，必要なときにいつでも使えるようになっていることである．

前述のように，「文書化された情報」という単語には従来の"文書"及び"記録"が含まれている．どちらであるかによって機密性の概念が変わってくる．このため，運用に関しては，従来の文書と記録のどちらに相当するかという識別が必要になる．例えば，文書を最新に更新することは適切な管理に該当するが，一度確定した記録を修正することは完全性の喪失となり，改ざんとなる場合がある．

次に②として，四つの行動をあげている．

- 配布やアクセス管理等の利用に関する行動
- 保管及び保存に関する行動
- 変更管理に関する行動
- 保持及び廃棄に関する行動

最後に，③についても，RTSマネジメントシステムの計画及び運用のために組織が必要と決定した場合は，必要に応じて特定し，管理することが求められている．

8 運用

― ISO 39001：2012 ―

8.1 運用の計画及び管理

組織は，次に示す事項の実施によって，要求事項を満たすため，及び6.2で決定した取組みを実施し，6.3で特定したRTSパフォーマンスファクター，並びに6.4のRTS目標及びRTS詳細目標に取り組むため，必要なプロセスを明確にし，計画し，実施し，かつ管理しなければならない．

― プロセスに関する基準の設定
― その基準に従った，プロセスの管理の実施
― プロセスが計画通りに実施されたという確信をもつために必要な程度での，文書化された情報の保持

組織は，計画した変更を管理し，意図しない変更によって生じた結果をレビューし，必要に応じて，有害な影響を軽減する処置をとらなければならない．

組織は，外部委託したプロセスが管理されていることを確実にしなければならない．

解　説

箇条8はRTSマネジメントシステムの大きなPDCAサイクルにおけるDo（実施）に当たる部分である．箇条6で計画したRTSマネジメントシステムの大枠の計画に従って，各組織が実行に当たり，現場レベルでの小さなPDCA

サイクルを回して，プロセスの運用管理をしていく．

プロセスの運用管理では，各プロセスに対する基準を定め，その基準に従った管理を実施する．ここでの基準とは，具体的にいえば，各組織におけるRTS目標及びRTS詳細目標と，それに対応するプロセスの計画（対策，行動計画など），進捗スケジュール，結果に対する評価基準等が該当する．運用管理は，一般的な企業では"進捗管理"とよばれることが多いかもしれない．また，計画通りにプロセスが実施されたことを確認する程度での文書化も要求されている．

次に運用の計画について，計画に変更があった場合，それを管理する必要がある．外的要因（例えば，法改正や利害関係者の強い要求）や内的要因（例えば，想定以上の事故の多発や経営資源の枯渇）によって，計画当初には意図していなかった計画の変更があった場合には，その結果や影響を評価して，必要に応じてプロセスの運用管理に有害な影響があるものを軽減するための処置をとる．

RTSマネジメントシステムの適用範囲内において外部委託を活用している場合は，外部委託したプロセスについても，運用管理されていることを確実にしなければならない．

8.1の要求事項をイメージしやすくするため，自動車運送事業者の事故削減管理プロセスを想定した例を次にあげる．

① 年度当初に組織がRTS（詳細）目標として，"事故削減数値目標"を設定した．
② この目標に対して，具体的な行動計画と毎月の評価基準を定めて事故発生件数を把握し"進捗管理"を実施していく．
③ 毎月の事故防止対策会議等で事故発生件数や事故の形態を評価して，目標から大きくずれる，又は重大な事故が発生した場合には，行動計画の見直し・変更をするなどして，安全の徹底を図る（これは有害な影響の軽減に通じるものである）．
④ それらの運用管理は，経営会議や事故防止対策会議等の会議資料として「文書化された情報」として保持される．

1.4 要求事項の解説　　　　77

このように，規格に記述されていることを具体的な組織の活動に落とし込んでいくことで，運用管理をすることが可能となる．

なお，前述の例は事業者の運営する管理プロセスの一つにすぎない．実際は複数のRTS目標及びRTS詳細目標を達成するために多くのプロセスを計画し，運用する必要があることに留意されたい．

―― ISO 39001：2012 ――
8.2 緊急事態への準備及び対応

組織は，自らが関わった道路交通衝突事故又は他の道路交通インシデントによって引き起こされた，顕在した死亡及び重大な負傷に対応し，実際的な場合には，それらに伴うRTSへの有害な影響を予防又は緩和しなければならない．

組織は，自らが関わった道路交通衝突事故又は他の道路交通インシデントによって引き起こされた，顕在した死亡及び重大な負傷への準備を，定期的に，また特にそのような死亡又は重大な負傷の発生の後には，レビューし，必要に応じて改訂しなければならない．

組織は，また，実施可能な場合には，そのような手順を定期的にテストしなければならない．

解　説

組織における緊急事態は様々な局面で存在する．RTSマネジメントシステムにおける緊急事態とは"自らが関与する道路交通衝突事故又はその他の道路交通インシデントにより引き起こされた，顕在化した死亡や重大な負傷"である．要求事項に「顕在」という言葉が入っているのは，そもそも顕在化しないと管理することが不可能である（組織の管理能力を超えている）からである．

組織は，これらの緊急事態に対して可能な範囲で道路交通安全に与える有害な影響を予防又は緩和しなければならない．

例えば，交通事故を発生させて，歩行者に対して重傷を負わせた場合，その歩行者が道路上に倒れていれば，それを安全な場所に移動させることは，後続

車による接触などで，より有害な状態になる（さらなる重傷を負う又は死亡する）ことに対する「予防」になる．

また，重傷の歩行者が心肺停止状態であれば，心肺蘇生術を施すことで，心肺停止の状態を「緩和」することにつながる．もちろん，救急車を手配するなどして，医療施設に運ぶことは最悪の事態を予防及び緩和することにつながる．

そのほかにも，ケガに対する応急処置を施したり，多重事故を起こさないよう，事故を起こした車両を他の交通の邪魔にならない位置まで動かして留置したり，事故後の対応に支援を求めるため，消防，警察，組織の管理部門等に緊急連絡を入れるなどのプロセスも緊急事態への対応として存在する．規格では，組織は，上記のような緊急事態の準備及び対応の手順を定め，定期的にレビューし，必要に応じて改訂することを求められている．また，特に死亡又は重大な負傷を発生させた後は，定期的な見直しを待たずに実施することも求められている．

また組織は，可能であれば，上述で定めた手順について定期的にテストを実施することになっている．テスト方法については，シミュレーションなど，実施可能で有効な方法を検討することが望ましい．消防や警察等と連携して実施することも有効な手段の一つである．

9 パフォーマンス評価

― ISO 39001:2012 ―

9.1 監視，測定，分析及び評価

組織は，RTSマネジメントシステムに関して，次の事項を決定しなければならない．

― 必要とされる監視及び測定の対象
― 該当する場合には，必ず妥当な結果を確実にするための，監視，測定，分析及び評価の方法
― 監視及び測定の実施時期
― 監視及び測定の結果の，分析及び評価の時期

組織は，この結果の証拠として，適切な文書化された情報を保持しなけれ

ばならない．

組織は，RTS パフォーマンス及び RTS マネジメントシステムの有効性を評価しなければならない．

組織は，適用可能な法的 RTS 要求事項及び自らが同意するその他の RTS 要求事項についての順守状況を定期的に評価するプロセスを，確立し，実施し，及び維持しなければならない．

解　説

箇条 9 は，RTS マネジメントシステムの大きな PDCA サイクルにおける Check（評価）に当たる部分である．箇条 9 では，箇条 6 で設定した計画に沿って，箇条 8 で運営管理し行動した結果，どのようなパフォーマンス（成果）があがったかを評価する．RTS マネジメントシステムが本当に有効に機能を発揮しているか，道路交通安全にマイナスの影響を与えるリスクが減少しているかどうかを評価する必要がある．

パフォーマンスを評価するために決定すべき事項として，次の四つのことが求められている．

　① 必要とされる監視及び測定の対象
　② 監視，測定，分析及び評価の方法
　③ 監視及び測定の実施時期
　④「監視及び測定の結果」の分析及び評価の時期

本規格の構成上，マネジメントシステムの新たなプロセスを考えなければならないように思われるが，①については，6.3 の要素と基準を規定する際にあがってきている．②及び③についても，6.4 又は 8.1 において計画を立てる際に同時に検討することが現実的である．④は，後述の内部監査やマネジメントレビューの時期を考慮しながら，分析及び評価の時期を設定することになるだろう．

また，本規格固有の細分箇条として，法令順守の評価に関する要求事項が追加されている．4.2「利害関係者のニーズ及び期待の理解」において，組織が

決定した法的要求事項について,その順守状況を評価するプロセスを確立し,実行し,維持しなければならない.我が国のように道路交通安全の先進国の場合,道路交通安全にかかる法令が整備されており,法的要求事項を順守することが,すなわち「中間安全成果ファクター」の運用につながる場合が多い.そのため,法令の順守状況を評価することは重要である.

ISO 39001:2012

9.2 道路交通衝突事故及び他の道路交通インシデント調査

組織は,次の事項のために,自らが関わった,道路利用者の死亡又は重大な負傷にいたる,又はいたる可能性のある道路交通衝突事故及び他のインシデントを記録し,調査し,分析するための手順を確立し,実施し,維持しなければならない.

a) 組織が管理することができ,及び/又は影響を与えることができ,インシデントを引き起こす可能性がある,又はインシデントの発生に寄与する可能性がある,背後要因を決定する.
b) RTS 是正処置の必要性を特定する.
c) RTS 予防処置の機会を特定する.

調査は,適切な時期に実施しなければならない.

特定されたあらゆる,RTS 是正処置のニーズ,又は RTS 予防処置の機会は,箇条 10 の関連部分に応じて対処しなければならない.

道路交通衝突事故及び他のインシデントの調査結果については,文書化し,維持しなければならない.

解 説

9.2 は,本規格の特徴的な要求事項であり,RTS パフォーマンス(道路交通安全における成果)に最も影響を与えるプロセスである「道路交通衝突事故及び他のインシデント」への対応に特化して規定された細分箇条である.本規格における「道路交通インデント」の定義について,**図1.8** にまとめたので,参考されたい.なお,図中( )内の番号は規格の箇条番号を示す.

1.4　要求事項の解説　　81

道路交通インシデント (3.37)			
道路交通衝突事故 (3.36)			ニアミス
(衝突／衝撃)			
死亡 (3.32)	負傷	損害	・人身への影響なし ・物損なし
死亡及び重大な負傷	軽微な負傷及び物損		
◄── ISO 39001が焦点を当てている ──►	◄── コントロールすべき重要なイベント ──►		

図 1.8 本規格における道路交通衝突事故及び他の道路交通インシデントとの関係

9.2 のタイトルが「道路交通衝突事故及び他の道路交通インシデント調査」となっている理由は，図 1.8 のとおり，道路交通インシデントに道路交通衝突事故が含まれているためである．すなわち，「他の道路交通インシデント」とは"ニアミス"のことを示す．ニアミスとは，いわゆる衝突にはいたっていない道路交通システム上の不備によって生じる事象であり，一般に自動車運送事業者等において"ヒヤリ・ハット"，"事故の芽"などとよばれるものである．

9.2 で求められている事項として，最初に，道路交通衝突事故と他の道路交通インシデントを記録し，調査し，分析するための手順の確立がある．

ここでいう手順とは，例えば，

① 道路交通インシデントの定義（重要／重大，通常，ヒヤリ・ハット等）
② 報告のエスカレーション（道路交通インシデントの内容によって，報告の宛先が直接の管理者からより上位の管理者になるなど）
③ 作成する報告書の内容（使用する記録の様式等）
④ 調査の方針及び基準（道路交通インシデントの分類によってどのように調査をするのかが変化するなど）
⑤ 報告から調査までのプロセスにかける時間等を明確に規定したもの

などである．これらの一連のプロセスは，ここで列挙したものに限定されるわけではないため，組織によって適宜決定をする必要がある．

次に，確立された手順を実施し，維持しなければならない．この場合の「維持」には見直しや改善も含まれる．

確立された手順の中で実施すべき事項として，次の三つがある．

① 道路交通インシデントを発生させている，または，発生に寄与している要因を明確にすること

② その明確にした要因を検討し，二度と発生させないようにRTS是正処置をすべき必要性を特定すること

③ 今後も発生しないようにRTS予防処置をすべき機会を特定すること

また，この調査手順を定める際に注意する点としては，適切な時期に実施すること，及び上記の要因がマネジメントシステムの不適合によるもの（例：重大な法令違反による事故）であれば，10.1で対処しなければならないことがある．

道路交通衝突事故と他の道路交通インシデントの調査結果については，文書化された情報として維持することが求められている．

ISO 39001：2012

9.3 内部監査

組織は，RTSマネジメントシステムが次の状況にあるか否かに関する情報を提供するために，あらかじめ定められた間隔で内部監査を実施しなければならない．

a) 次の事項に適合している．
  — RTSマネジメントシステムに関して，組織自体が規定した要求事項
  — この国際規格の要求事項
b) 有効に実施され，維持されている．
  組織は，次に示す事項を行わなければならない．
— 頻度，方法，責任及び計画に関する要求事項及び報告を含む，監査プログラムの計画，確立，実施及び維持．監査プログラムは，関連するプロセスの重要性及び前回までの監査の結果を考慮に入れなければならない．

1.4 要求事項の解説

― 各監査について，監査基準及び監査範囲を明確にする．
― 監査プロセスの客観性及び公平性を確保するために，監査員を選定し，監査を実施する．
― 監査の結果を関連する管理層に報告することを確実にする．
― 監査プログラムの実施及び監査結果の証拠として，文書化された情報を保持する．

解　説

　内部監査については，従来のマネジメントシステム規格と大きな差異はない．マネジメントシステム監査のための指針である ISO 19011:2012 を参考に実施することが望まれる．

　内部監査はあらかじめ組織で定めた間隔で実施されなければならない．一般的には事業年度に合わせて，1年に1回又は半期に1回行うことになる．次の場合は臨時的に内部監査を実施することが望ましい．例えば，大きな要求事項の変更（ISO 規格，事業法など），大きな組織変更（組織の合併，分割など），その他，RTS に関する大きな仕組みの変更，重大な道路交通衝突事故の発生，重要な RTS 目標が未達成の場合などである．

　内部監査においては，RTS マネジメントシステムの適合性及び有効性の両面を監査することになる．適合性の監査とは，本規格の要求事項をはじめ，RTS マネジメントシステムに関して，組織が自ら規定した要求事項（ルールや規程等）を定められたとおり順守しているかについて監査することである．また，有効性の監査とは，組織が自ら構築した RTS マネジメントシステムが機能し，パフォーマンス（成果）をあげているかについて監査することである．

　有効性についてもう少し詳細に記述すると，組織が構築したマネジメントシステムの PDCA サイクルが確実に回っていて，計画した取組みの成果が掲げた目標に向けて近づいていることである．すなわち，有効性の監査においては，組織の機能に不具合があったり，機能していても成果が出ていないプロセスを探す必要がある．

組織は，監査の対象となる部門の状態，重要性，これまでの監査結果を考慮して監査プログラムを計画する必要がある．監査の対象となる組織の状態とは，具体的には組織のパフォーマンス（安全対策の成果）確保の状況，道路交通衝突事故の発生状況，RTS目標の達成状況等である．また，監査プログラムでは，監査の基準，範囲，頻度，方法を明確にする．監査の基準とは，監査を実施するために定めた社内基準等をいう．さらに，監査プログラムにおいては，客観性と公平性が確保できるように監査員を選定し，実施する必要がある．具体的には，監査員は自らが関連した仕事を監査しないことなどである．

内部監査の結果は，関連する管理者に確実に報告されるようにし，被監査部門の責任者は，発見された不適合及びその原因を除去するために，遅滞なく処置がとられるようにする．

フォローアップ監査を実施する際には，とられた処置の検証及び検証結果の報告を含むようにする．

内部監査の結果は，トップマネジメントによるマネジメントレビューへの重要なインプットとなる．

内部監査の監査プログラムの実施と結果の証拠として，文書化された情報を保持することが求められている．

---- ISO 39001:2012 ----

9.4 マネジメントレビュー

トップマネジメントは，策定したRTS目標及びRTS詳細目標を達成する中で，組織のRTSマネジメントシステムが，引き続き，適切，妥当，かつ有効であることを確実にするために，あらかじめ定められた間隔で，RTSマネジメントシステムをレビューしなければならない．組織は，そのRTSマネジメントシステムを確立する，又はレビューを行うときに，中間及び長期で，組織のRTSパフォーマンスを改善するために，マネジメントシステム全体を見たときに対応する必要がある主要な課題を特定し，分析しなければならない．

1.4 要求事項の解説

マネジメントレビューは，次の事項を考慮しなければならない．
a) 前回までのマネジメントレビューの結果とった処置の状況
b) RTS マネジメントシステムに関連する外部及び内部の課題の変化
c) 次に示す傾向を含めた，RTS パフォーマンスに関する情報
　— 不適合及び是正処置
　— RTS 目標及び RTS 詳細目標が達成されている程度を含む，結果の監視，測定，分析及び評価
　— 監査結果，並びに法的要求事項及び組織が同意するその他の要求事項の順守状況の評価
d) 新技術の検討を含む，継続的改善の機会
e) 苦情を含む，利害関係者からの関連するコミュニケーション
f) 道路交通衝突事故及び他の道路交通インシデントの調査

解　説

　トップマネジメントはマネジメントレビューを実施しなければならない．また，マネジメントレビューについては，内部監査と同様にあらかじめ組織で定めた間隔で実施されなければならない．一般的には事業年度に合わせて，1 年に 1 回又は半期に 1 回行うことになる．

　組織は，マネジメントレビューに際して短期及び中・長期で組織の RTS パフォーマンスを改善させるために，マネジメントシステム全体で対応する必要がある主要な課題を特定し，分析する必要がある．このため，次のことを全て考慮事項としなければならない．

　① 前回までのマネジメントレビューの結果とられた処置の状況
　② RTS マネジメントシステムに関連する外部及び内部の課題の変化（4.1 で特定した，外部及び内部の課題の時間経過及び環境の変化とその影響）
　③ 次に示す傾向を含めた，RTS パフォーマンスに関する情報
　　・不適合及び是正処置（10.1 で実施された処置のその後）
　　・RTS 目標及び RTS 詳細目標が達成されている程度を含む，監視，

測定，分析，及び結果の評価（9.1 で監視，測定，分析，及び結果の評価）

- 監査結果と，法的要求事項及び組織が同意するその他の要求事項の順守状況の評価（9.3 の内部監査の結果と 9.1 の法令順守状況の評価）

④ 新技術の検討を含む，継続的改善の機会

⑤ 苦情を含む，利害関係者からの関連するコミュニケーション（7.5 のコミュニケーション）

⑥ 道路交通衝突事故及び他の道路交通インシデントの調査（9.2 の調査，分析結果）

マネジメントレビューで考慮すべき事項には，本規格における各細分箇条のプロセスが関係している．特に，③の法的要求事項等の順守評価をインプットする必要がある点に注意が必要である．

また，④については，「新技術の検討を含む」という文言が本規格固有の内容である．道路交通安全において，いわゆる継続的改善だけではなく，技術の革新（例：衝突防止機能付自動車の普及，バックアイカメラの普及，テレマティクスを含むドライブレコーダーの普及，ITS の発達等）が，RTS パフォーマンスに大きく影響するためである．

ISO 39001:2012

マネジメントレビューからのアウトプットには，継続的改善の機会，RTS 結果の達成，及び RTS マネジメントシステムのあらゆる変更の必要性に関する決定を含めなければならない．

組織は，マネジメントレビューの結果の証拠として，文書化された情報を保持しなければならない．

解　説

マネジメントレビューのアウトプットとしては，各種の決定事項が考えられるが，本規格では少なくとも三つの決定を含めることを要求している．

① 継続的改善の機会
② RTS 結果の達成
③ RTS マネジメントシステムのあらゆる変更の必要性

である．

①には，トップマネジメントが各種のインプット情報を検討した上で，RTS マネジメントシステムが継続的に改善することができる事項を再度決定し，整理するという意味がある．

②については，現在の RTS 目標及び RTS 詳細目標が適切及び妥当であるかという判断をする必要がある．組織の能力が高ければさらなる RTS 目標の高度化を図り，逆に組織の能力を超えていると判断すれば RTS 目標の引下げを行う必要がある．

③については，あらためて説明する必要もないが，マネジメントシステムの変更が必要であれば，それを決定しなければならない．

また，マネジメントレビューの結果については，文書化された情報を保持しなければならない．特に，マネジメントレビューへのインプット情報と，それに対応して決定したマネジメントレビューのアウトプット情報とを明確にしておくとよい．

10 改善

――― ISO 39001：2012 ―――

10.1 不適合及び是正処置

組織は，RTS マネジメントシステムの要求事項に対して不適合が発生した場合には次の事項を実施しなければならない．

a) その不適合に対処し，該当する場合には，必ず次の事項を行う．
  ― その不適合を管理し，修正するための処置をとる．
  ― その不適合によって起こった結果に対処する．
b) その不適合の再発又は他のところで発生しないようにするため，次の事項を実施し，その不適合の原因を除去するための処置をとる必要性

を評価する.
— その不適合のレビュー
— その不適合の原因の明確化
— 類似の不適合の有無,又は,それが発生する可能性の明確化
c) 必要な処置を実施する.
d) とられた全ての是正処置の有効性をレビューする.
e) 必要な場合には,RTSマネジメントシステムの変更を行う.
是正処置は,検出された不適合のもつ影響に応じたものでなければならない.

解　説

10.1では,「不適合」が発生した場合の実施事項について記載されている.用語の定義では,不適合とは"要求事項を満たしていないこと"である.ここで注意したいのは,不適合とは内部監査で発見されるものだけではなく,日々の運用管理の中で発見された全てをいうことである.

不適合が発見された場合には,該当する場合には初動対応として,不適合による被害が拡大しないよう組織の管理下に置き,「修正」(一時的な処置)をする必要がある.修正とは,雨漏りの例でいえば,雨漏りの下にバケツを置いて,これ以上雨漏りによる水の被害が広がらないようにするといった行為である.

次に,同様の不適合が再発,又は組織の他のプロセスで発生しないように,原因を除去する処置,すなわち「是正処置」を実施するかどうかの必要性を評価する.ここですぐに是正処置の実施に移らないのは,是正処置の実施には一定の経営資源を必要とするため,実施の前に必要性を判断する必要があるためである.必要性の評価に当たっては,

① 不適合のレビュー
② 不適合の原因の明確化
③ 類似の不適合の有無,又はそれが発生する可能性の明確化

を実施しなければならない.

その結果,不適合の是正が必要であると判断されたものは是正処置を実施す

る．先ほどの雨漏りの例でいうと，修正のようなバケツを置く行為と比較した場合，是正処置とは屋根の修理や計画的な点検・保全のように，ほぼ恒久的に同じ不適合事象が発生しないようにする行為である．

その後，実施された全ての是正処置は，不適合の再発防止に有効であったかどうか，有効性をレビューする必要がある．

発見された不適合が構築したマネジメントシステム自体に原因を含んでいるような場合は，RTS マネジメントシステムの変更についても行う必要がある．

是正処置は，発生した不適合のもつ影響に応じたものでなければならないと規定されており，影響が軽度の不適合に対しては相応の対応を実施し，影響が重大な不適合に対しては一定の経営資源を投じて，不備のない是正処置を実施しなければならない．

ISO 39001：2012

組織は，次に示す事項の証拠として，文書化された情報を保持しなければならない．
— 不適合の性質，及びとられた処置
— 是正処置の結果

解　説

不適合及び是正処置について，組織には文書化された情報を保持することが要求されている．情報の内容としては，次の二つがある．

① 不適合の性質，及びとられた処置
② 是正処置の結果

①の「不適合の性質」とは，例えば，不適合の具体的な内容，明らかになった原因，及び軽度や重大といった評価結果をいう．また，「とられた処置」とは，修正及び是正処置等の具体的な内容である．

②の「是正処置の結果」とは，例えば，短期的には是正処置を実施した結果であるが，中・長期的には是正処置の有効性をレビューした結果が含まれる．

なお，本規格の特徴として是正処置には通常の是正処置と「RTS 是正処置」

があることに注意されたい．

RTS是正処置とは，9.2における道路交通衝突事故及び他の道路交通インシデントの原因として特定された「RTSの不備」を除去するための是正処置であり，いわゆる道路交通安全に対する直接的な処置（例：アルコールチェックの導入，運行速度や経路の変更，バックモニターの取付けなど）である．

それに対して，10.1の「是正処置」は内部監査等で発見された，マネジメントシステムが要求事項を満たしていない状態の原因を除去する処置である．

ISO 39001:2012

10.2 継続的改善

組織は，RTSマネジメントシステムの適切性，妥当性及び有効性を継続的に改善しなければならない．

注記　　上記は，RTS方針，RTS目標及びRTS詳細目標，監査結果，観察された事象の分析，是正及び予防処置，並びにマネジメントレビューを通じて達成できる．

解　説

10.2では，組織によるRTSマネジメントシステムの継続的な改善が求められている．

ここでいう継続的改善とは，各プロセスが個別に継続的に改善することではなく，注記に示してあるとおり，RTS方針，RTS目標及びRTS詳細目標，監査結果，観察された事象の分析，是正及び予防処置，並びにマネジメントレビューを通じて，RTSマネジメントシステム全体の適切性，妥当性及び有効性が継続的に改善されることである．

すなわち，これまでに構築してきたマネジメントシステムの内容を継続的改善に結びつけていくことを明示的に求めている．

組織は，RTSマネジメントシステムの適切性，妥当性及び有効性（特に成果）が改善されていることを強く意識して運用管理を実施するとよい．

第2章

道路交通安全マネジメントシステムの活用例

　この章では，既に ISO 39001 に基づいて自社のマネジメントシステムを構築し，第三者認証を取得した組織の取組み事例を，道路交通安全マネジメントシステムの活用例として紹介する．

2.1　認証取得企業の取組み事例 ①
——自動車運送事業者（バス，タクシー，トラック）の構築事例

　ここではまず，道路を利用して旅客や貨物を運送する自動車運送事業者の取組みを紹介する．これらの事業者はいわゆる緑ナンバーの組織（自動車による輸送を生業とするプロ）であり，厳格な法制度のもとで相当程度の安全対策を実施済みではあるが，それらの対策を，ISO 39001 というツールによりマネジメントシステムとして体系立てて考えていきたい組織であるといえる．

(1) ISO 39001 導入の目的

　ある組織では，経営トップの道路交通安全への強い思いを背景に，第三者の視点で今までの活動が検証，強化できると考えた．いいかえると，今まで自分達が取り組んできた活動を第三者の目で検証し，強化・改善につなげることができるのはメリットが大きいと考えたわけである．従前は，道路交通安全対策を社内で展開していたが，体外的に"こう取り組んでいる"と明確に示せるものがなかった．認証を取得することにより，それが発信でき，かつ自分達の社会的責任を追及しつつお客様にも強くアピールできる．自動車運送事業に直結したこの規格を導入することで，企業のブランド力も高まり，事業推進のパワーにもなる．

　また別の組織では，経営陣が規格の内容を把握した途端，自動車運送事業に

不可欠なものと直感し，すぐに取組みを開始した．任意保険契約を結んでいる保険会社からの後押しもあったようである．

さらに他の組織では，運輸安全マネジメント，ISO 9001，ISO 14001 などの構築経験を踏まえ，より本業と直結した ISO 39001 を導入することで，これまでの取組みを整理し，組織として PDCA が回っていることを第三者から検証してもらうことが狙いであった．

(2) マネジメントシステム構築に際して意識したこと

前記のように自動車運送事業者は，既に実施している，あるいは法規制によって義務付けられている安全対策も数多くあることから，

- 実際に行っている交通事故削減のための活動を，いかにして PDCA に落とし込むか
- 透明性の高いマネジメントシステムを作り，従来の安全対策をどう強化していくか
- わかりやすい指標を設定し，従業員が取組みやすい仕組みをどのように構築するか

などを，マネジメントシステム構築の初期段階で意識しているケースが多い．

(3) 事業における道路交通安全の位置付け

自動車運送事業者である以上，交通事故防止のための活動は，最重要かつ最優先させるべきテーマとして位置付けられており，また交通事故は事業継続にかかわる最大のリスクであることから，"安全対策は顧客ニーズにも直結する重要な取組みである"との認識が，事業者の中に数多く見受けられた．他方，過去の事故多発状況から脱却し，企業経営の根幹として安全を強く意識している組織もあった．

これらの組織の中には「RTS 方針」を策定し，要員に対する安全最優先の意識付けを行うことはもちろん，より上位の"経営理念"や"経営方針"等へ"安全が優先順位の第一位"であることを明示し，一層の浸透を図っているケースもあった［(7) ③トラック事業者の例（その 2）参照］．

いずれにしても，全ての組織が"安全対策は，会社運営における基本中の基

本"であるというゆるぎない意思をもっており,"それができなければ,公道を使用してビジネスを行う組織としての存在価値がない"とまで言い切る組織も存在した.

(4) 今までの安全対策

参考までに,自動車運送事業者が今まで実施してきた安全対策を記載すると,

① 機器・装置による安全対策
- 法規制以上の厳格なアルコールチェック
- 運行数値を記録するデジタルタコグラフの全車導入
- 運転状況を記録するドライブレコーダーの活用
- バックアイカメラの取付け

② 運用・管理上の安全対策
- 会社で定めた運行速度(社速)の完全徹底
- 迅速な事故報告書の記載,その後の管理職による面接
- 事故惹起者に対する適性診断の強制化
- 乗務員を追走しての運転状況の確認
- 添乗による指導
- 国土交通省の運輸安全マネジメント,ISO 9001,ISO 14001 など,先行する他のマネジメントシステムでの取組み

などが考えられる.

交通事故の発生は,ヒューマンエラーに起因する場合も多い.俗にいう"うっかりミス"をカバーする

① 機器・装置による安全対策

と,意図的にルール違反を行ってしまう"不安全行動"をカバーする

② 運用・管理上の安全対策

の両方をとることで,トータルでのヒューマンエラーの防止が達成できる.

ISO 39001 では,これらの対策を効率よく結び付け,そのパフォーマンスを意識することで,より実効性を高めていくことを意図しており,このような過去の安全対策が無駄になることはない.

特に他のISO規格との関連でいえば，ISO 14001については，環境問題の一環として事故削減を位置付けることができる．環境に配慮した運転は事故発生のリスク低減に直結するし，逆に，安全を意識した運転をすることにより燃費も向上する．事故を減らすことで無駄な板金や塗装のための資源も削減できるとの発想も可能である．

またISO 9001については，"顧客からのクレーム削減＝事故削減"と考えることもできる．道路交通安全の意識は，認証取得組織はもちろん，荷主や乗客等の利害関係者にとっても，最低限必要なことではないだろうか．

(5) 取組みで苦労・工夫した点

事故発生による出費は，事業における無駄な出費の最たるものであり，全ての事業者にとって何とか減らしたいものであるが，ある事業者では，その趣旨をいかにして現場に理解してもらうかという点で，苦労したようである．どんなに素晴らしい取組みを導入しても，現場が"自分には関係ない"という気持ちをもってしまうと，全く効果のないものに陥ってしまうからである．そのため，実際に発生した事故の定量化を行い，あえてその内容を社内に示すことで，意識付けを図るなどの工夫が施されていた．

また，認証取得だけが活動の目的とならないよう，様々な工夫を行っている組織もあった．全社共通ルールの明確化・一元管理により日常活動をブラッシュアップし，透明性を高めることを目指したのである．

一例をあげると，従業員の教育についても共通の座学資料を使い，月1回の集合研修を設け，新人の乗務員は必ず参加する制度を整備した．また，トップマネジメントを含む経営陣が，追走による安全運転のチェック活動に積極的に参加し，乗務員の運転を体感することなどを通して，経営陣と現場の目線を一致させるように努めていた．加えて，「中間安全成果ファクター」で選択した「疲労，注意散漫，アルコール及び薬物を特に考慮した，運転者の適格性」に対する具体的な取組みとして，アルコールチェックの結果がゼロ以外は全て"酒気帯び"とみなして乗務停止となるルールを設定した．アルコールチェッカーも，全社的に同じ機種で統一し，結果が即座に電子メールで責任者に自動

配信される仕組みとなっている．

(6) 要員への定着活動

要員への道路交通安全マネジメントシステムの定着を図るために，以下のような取組みを行っている事業者があった．

- 定期的なミーティングの開催，及び安全に関する情報発信
- 点呼時の情報発信
- 無事故者やデジタルタコグラフの優良者に対する表彰
- 認証取得の全社イベント化
- RTS 方針の携帯
- 安全意識の確認テスト（抜打ち）の実施

自動車運送事業者では，要員が社内で一堂に会するケースがまれであり，マネジメントシステムのコンセプトや RTS 方針の浸透が難航する場合もあるが，このような取組みを参考に一層の浸透を図ることが大切である．

(7) RTS 方針の例

まず，自動車運送事業者における RTS 方針の例として，トラック事業者の例を示す．

≪トラック事業者の例（その1）≫

道路交通安全方針

A 株式会社は，事業の社会的責任と公共的使命を認識し，お客様に必要とされ，社会に必要とされる企業であり続けるために，＜"安全"こそ最良の物流品質＞をモットーとし，さまざまな取組みを進めています．

この一環として，当社の企業活動に伴って発生する各種の移動や，輸送面の道路交通安全リスクを軽減する活動に積極的に取り組み，安全・安心で持続可能な社会の実現に努めていきます．

1. 移動や安全を確保するために，道路交通安全に関する目標及び詳細目標を設定の上，具体的な改善策を策定し推進します．
2. PDCA の枠組みにより，道路交通安全に関する改善策の有効性のチェッ

クと改善を確実に展開していきます．
3. 道路交通安全に関する法規制や，社内外の安全に関する要求事項を順守します．
4. 道路交通安全に継続的に取り組むために，取組み体制，取組みの仕組み及び手順を確立します．
5. この道路交通安全方針を，当社の従業員及び関係会社で働く人々のみならず，広く社会に公開し周知します．

次に，タクシー事業者の例を示す．この事業者は，まず基本理念を設定することで方針設定の枠組みを示し，より具体的なポリシーとして，道路交通安全方針を設定している．

≪タクシー事業者の例≫

道路交通安全の基本理念

B株式会社は，輸送の安全の確保が事業経営の根幹であることを深く認識し，社内において輸送の安全の確保に主導的な役割を果たします．また，現場における安全に関する声に真摯に耳を傾けるなど，現場の状況を十分に踏まえつつ，社員に対し輸送の安全の確保が最も重要であるという意識を徹底します．

以上を実行に移すため，次による"道路交通安全方針"を事業場に掲げ，全従業員の意識の高揚を図ります．

道路交通安全方針

一　ロードリーダーとして模範運転を行い，交通秩序を確立し，健全な車社会の構築に努めます．

二　交通事故を1件でも減らすことを目指し，関係法規制を順守します．

三　運行管理業務の確実な実行により，安全で安心，そして快適なタクシーの提供に努めます．

四 具体的目標を設定し，その達成に向けて邁進します．また，必要に応じて見直し，継続的な改善を行います．

五 交通事故防止の意義と社会的責務を認識し，全社員一丸となって道路交通安全マネジメントシステムの構築及び，継続的改善に取り組みます．輸送の安全に関する交通事故削減計画の Plan，その Do，実行内容の Check，不備がある場合には Act を行い，安全対策を不断に見直し，全社員が一丸となって業務を遂行することにより，絶えず輸送の安全の向上に努めます．また，輸送の安全に関する情報については積極的に公表します．

最後に，"経営理念"，"経営方針"へ安全最優先の思想を取り込み，RTS 方針としても位置付けたトラック事業者の例を示す．

≪トラック事業者の例（その2）≫

経営理念

安全で最高の品質で最高の価値を創り出す．

経営方針

1. 安全を優先順位第一位とする．
2. 現場を重視し，現場を可視化し，現実を改善する．
3. お客様のために環境に配慮したロジスティクスをデザインする．
4. 2S 活動をとおして継続的に改善する．
5. 法令等を厳守し社会活動に貢献する．

なお，ここに記載したこれらの方針はあくまでも例であり，必ずしもこのとおりの記述でなければならないものではないことを，念のため，付け加えておく．

(8) リスクの抽出

自動車運送事業者に限定されない一般的な交通事故のリスクとしては，無車検，無免許，スピード違反，シートベルト未着用，ライト点灯遅れ，携帯電話の使用，居眠り運転，よそみ運転，道幅が狭いなど数多くある．

したがって，自動車運送事業者に特化したリスクの方が少ないかもしれないが，あえて例をあげると，

- プロドライバーゆえ高い力量と経験が求められるが，そのような十分な力量をもった乗務員が不足している．
- 安全意識を浸透させるためには，事故が発生すると会社の名声に傷がつくことを認知させ，自組織に対する愛着，いわゆる愛社精神の高揚も必要であるが，業界における高い離職率がそれを妨げている．
- 最新鋭の設備を導入したが，あまりにもその性能を過信し，基本的な動作を怠ってしまう（例：バックアイカメラの性能を過信し，目視確認を怠る）．

などが考えられる．

これらに限定されずほかにも数多く存在するので，ぜひとも自組織の現状にあったリスクを抽出してもらいたい．そのためには ISO 39001 の 9.2 で要求している事故やヒヤリ・ハットがどのような原因で顕在化したのかを正しく分析する必要がある．

(9) RTS パフォーマンスファクターの特定

① リスク暴露ファクター

自動車運送事業者の場合は，1 台当たりの走行距離の積算でトータルの走行距離を算出し，「リスク暴露ファクター」として設定している組織や，さらにそれを車両台数で割り，1 台当たりの平均値としているケースが多い．

ある組織では，1 行程での走行距離が短ければ短いほど事故が発生する確率が低いと考え，平均行程距離を「リスク暴露ファクター」として設定していた．余談だが，平均行程距離を短くするために，"営業部門も巻き込んで，近距離の顧客を獲得するべく努力する" というのも，立派な安全対策となり得る．

② 最終安全成果ファクター

日本の自動車運送事業者の中には，創業以来死亡又は重大な負傷事故の発生がゼロという組織も少なくない．そのような組織は，軽微な事故も含めた事故件数を「最終安全成果ファクター」として設定したり，あるいは物損も含めたトータルでの事故件数を設定したりしている．

2.1　認証取得企業の取組み事例 ①　　　　　　　99

　また，交差点や駐車場など，明らかに事故の発生が多い箇所での事故に特化してその件数を設定している事業者もある．

　いずれにしても，「最終安全成果ファクター」で設定した事故件数等は，最終的には文字通り"ゼロ"にする必要があり，そのための取組みを ISO 39001 で体系的に行うといっても過言ではない．

③ 中間安全成果ファクター

　前述してきたように，自動車運送事業者は従来から相当程度の安全対策を実施済みである．よって，規格の意図する流れとは多少異なるが，"従前から実施している安全対策が，10 種類ある「中間安全成果ファクター」のどれに合致するのか" と考える "逆引き方式" でもよいのではないだろうか．

　実際に，現段階で認証を取得した自動車運送事業者のほとんどは，10 種類全ての「中間安全成果ファクター」を特定している．一見すると，「中間安全成果ファクター」の最初に出てくる「道路の設計及び安全速度の設定」などは，直接関係ないように思えるが，道路の構造に応じた安全な速度の設定を組織に求めていると考えればよい．規制された速度の順守を前提として，道路設計に応じた速度を主体的に決めるとよい．二輪車，歩行者及び自動車が混在する分離されていない道路であれば，当然，可能な範囲でより低い速度を自ら設定して走行することが望まれる．トラック事業者が，規制速度順守を前提として，さらなる安全性を求めて，高速道路の社速を 75 km/h，一般道路のそれを 55 km/h と設定して，デジタルタコグラフ等で監視しているのはこれに当たる．

(10) RTS 目標及び RTS 詳細目標の例

　次に，あるタクシー事業者が設定した RTS 目標及び RTS 詳細目標の例について示す．

　この組織では，当初は事故件数を前年比何パーセントに削減する案や，費用削減目標にする案も出ていた．しかし，そのような目標では，要員が道路交通安全との関係性について理解しにくいため，道路交通安全に直結した簡潔でわかりやすい内容とした．また，達成状況についても要員へはっきりと伝わるように，事故件数も社内でオープンにしている．

100　第 2 章　道路交通安全マネジメントシステムの活用例

≪タクシー事業者の例≫

```
┌─────────────────────────────────────────────┐
│ │RTS 目標│                                  │
│   死亡事故及び重傷事故を向こう 3 年間ゼロ件  │
│ │RTS 詳細目標│                              │
│ 1. 交通事故総件数 102 件に対してマイナス 10 件│
│ 2. 重大事故報告 1 年間ゼロ件                 │
│ 3. 交差点及び交差点附近での事故件数 44 件に対してマイナス 10 件│
│ 4. 1 か月定期整備 100％実施                  │
└─────────────────────────────────────────────┘
```

図 2.1 に，同組織の"RTS 目標→RTS 詳細目標→行動計画"にいたる流れの抜粋を示す．これは規格の 6.4 で要求しているものである．

この事業者でいえば，目標達成に向けたアクションとして，事故分析，KYT，ヒヤリ・ハット報告，日常点検立ち会いなど，様々な取組みを行っている．

具体的には，損害保険会社の事故分析レポートや事故分析ソフトを活用し，前年に発生した事故全てについて，曜日，時間帯，乗務員の年齢，個別の状況を精査し，乗務員が注意すべきポイントを抽出した．また車両整備の面では，乗務員が行う日常点検を整備スタッフが立ち会ってチェックすることを，システム化した．さらに"チーム対抗無事故キャンペーン"など，何らかのイベントや教育・訓練の場を定期的に設けることで，個々の従業員の安全意識・行動の強化を図り，最終的な RTS 目標・RTS 詳細目標の達成を目指した．

(11) 導入による効果

では実際，ISO 39001 を導入することでどのような効果が出ているのか興味があるところだが，あるトラック事業者では，短期間で明らかな数字上の成果を得ている．例えば，

- 事故件数の半減
- 賠償費用や修繕費がピーク時の 10 分の 1

などがデータとしてあがってきており，削減できた費用をドライブレコーダー

2.1 認証取得企業の取組み事例 ①

RTS目標	RTS詳細目標	行動計画	関係部門	実施責任者	施策	4	5
死亡及び重傷事故をゼロに向こう3年間ゼロ件	1. 交通事故総件数：昨年度件数からマイナス10件	・運行管理と乗務員教育の強化 ・乗務員個別チーム編成と担当管理職の配置 ・明番教育時参加率90％以上 ・ヒヤリ・ハット件数収集 ・点呼の強化 ・唱和100％実施 ・**再発者と年齢別の個別教育**	営業部及び乗務員	○○○及び×××	・無事故・月次管理 ・無事故個人及びチーム表彰 ・チーム編成及び周知徹底 ・ヒヤリ・ハット件数収集 ・後部シートベルトの声かけ ・**再発者と年齢別の個別教育**		
	2. 重大事故報告：年間ゼロ件	・運行管理と乗務員教育の強化 ・乗務員個別チーム編成と担当管理職の配置 ・明番教育時参加率90％以上 ・ヒヤリ・ハット件数収集 ・点呼の強化 ・唱和100％実施 ・**再発者と年齢別の個別教育** ・事故惹起者の再教育					

図 2.1 RTS 活動実施計画書（抜粋）

に再投資するなど，ISO 39001 を契機とした好循環が生じている．

　同様に当該事業者では，規格の 9.2 で要求する事故分析として全ての事故の全体像を把握するため，認証取得を機に，ペナルティを課さない事故の申告制度を始めたことで，今までは隠れていた事故も，組織としてキャッチすることが可能となった．つまり，人身事故もミラーで電柱を擦った程度の事故も，同じテーブルに載せるようにしたのである．そのため，一時的に事故の件数は増加したものの，実態の把握が容易になったことで，分析や対策の策定もスムーズに進むようになり，最終的な事故の削減や要員の安全意識向上にまでつなげることができた．

　一方，現段階では全ての組織が認証取得から間もないこともあり，ISO 39001 導入による事故削減効果が劇的といえるほどではなく，対前年度比で若干減にとどまっている組織もある．

　ただし，そのような組織であっても，ボトムアップ形式の伝達系統が活性化するなどの効果は確実に生じており，何よりも，会社全体の事故削減への関心が高まることで，要員一人一人が事故を起こさないということを強く意識するようになったことは，組織にとって大きなメリットではないだろうか．

　マネジメントシステム全体の PDCA サイクルを回すためには，最低でも 1 年の期間が必要である．よって，導入してすぐに事故削減の効果が現れないからといってあきらめてしまうのは早計である．あえていうならば，ISO 39001 は，組織の安全に対する社風を改善するための"漢方薬"であるととらえていただきたい．

　ISO 39001 の内容は，自動車運送事業者の業務に沿ったものであり，非常にわかりやすいとの声も複数の事業者からあがっている．これまで"点"であった安全対策が，RTS パフォーマンスファクターという接着剤によって有機的に結び付けられ"線"になったことで，今まで使いこなせていなかったような細かい収集データも，大いに活用できるようになったようである．

　あるタクシー事業者では，明確なスケジュールできめ細かい安全対策を実践できるようになった点を効果としてあげていた．当該事業者では，ヒヤリ・

ハット情報の報告件数を通じ，営業地域におけるリスクが浮き彫りとなっていた．例えば，郊外にある入り組んだ駅付近の道路では，ヒヤリ・ハット情報が多く報告されており，危険性に対する再認識が図られていた．

(12) 今後の事業への活用

自動車運送事業者では，現業実施部門における小集団活動で，発生してしまった事故の分析，反省を検討させる組織も多いが，当該活動が，RTS予防処置を検討するための場にまで発展することを期待している事業者がある．

当該事業者では，事故の検証，原因の追究にとどまらず，ヒヤリ・ハット体験の共有等を行い，事故を予防するための仕組みの一環と位置付けることが重要であると考えていた．10名程度の単位でチームを結成し，実際に発生した事故を題材にした意見交換や，日常の乗務で起こったヒヤリ・ハット体験などについて話し合う活動である．小さな集団だと，全員が意見を述べやすくなり，お互いの気付きも生まれてきやすくなる．

例えば，勤続年数の長い乗務員と，入社間もない新人乗務員をあえて同じグループにすることで，先輩は後輩に熱心にアドバイスをし，後輩は先輩の経験等を素直に聞き入れるという光景が見受けられるようになる．そういう仕組み自体の運用が，自然と乗務員同士のコミュニケーションにもつながり，日々の積み重ねが"事故削減"への大きな成果にもつながるのではないだろうか．

他のタクシー事業者では，現在，乗務員が8人で1チームを編成し，交通安全対策に取り組む小集団活動を行っている．その中で，例えばドライブレコーダーで事故のシーンを見ながら安全への検討会を行うなど，安全を意識した積極的な行動が提案・実施されるようになり，今までにはなかった手ごたえを感じている．

また，信号無視や無理な車線変更など，意図的にルール違反を行ってしまう"不安全行動"の撲滅を掲げ，今後取り組むべき柱としている組織もあった．このような"不安全行動"は，一つ間違えると大事故につながりかねない事象でもあり，要員へ安全意識を浸透させるツールとして，ISO 39001の活用が期待されている．他の組織では，ISO推進事務局のメンバーを定期的に入れ

替え，総体的な経験値を高め，さらなる意識付けを行っていきたいと考えている．そのため，乗務員を事務局メンバーに加えることも検討している．

さらに，ISO 39001 の特色でもある，ビジネス（本業）と ISO の一体化という面で，営業活動に好影響が出るよう，取組みの深度化を図っている組織もある．あるトラック事業者では，認証取得による物流市場へのアピールに大きな期待を寄せており，"認証取得事業者＝道路交通安全対策のしっかりした事業者"という市場評価を確立させ，ビジネスの拡大を目指していた．

(13) まとめ

繰り返しになるが，日本の自動車運送事業者は，厳格な法制度のもとでその事業を行っており，すでに相当の安全対策を実施しているといえる．

しかし，"それらがどのリスクを低減するためのものなのか"という意識が弱い場合が多々あり，素晴らしい安全対策をいくら多く実施（Do）しても，それらの効果（パフォーマンス）までは把握できていないケースも多い．そのような状況を打開するために ISO 39001 というスポットライトを当て，安全対策とリスクとの関係や，安全対策と RTS パフォーマンスファクターとの関連性を明確にすることで，最終的に事故撲滅の PDCA サイクルの回転が機能しやすくなるのではないかと思われる．

ISO 39001 は，幅広い組織に適用可能な規格であり，自動車運送事業者に特化した規格ではない．しかしながら，自動車運送事業者が適用の中心の一つの柱となっていくことは間違いない．自動車運送事業者は公共交通機関という側面もあわせもつことから，今後も大いにこの規格を活用していただきたいところである．

2.2 認証取得企業の取組み事例 ②
——自動車リース事業者の構築事例

次に，大量の車両（付帯するサービスを含む）を特定のユーザーに賃貸又は提供し，道路交通に大きな影響をもつ自動車リース事業者の取組みを紹介する．

日本においては，監督官庁である国土交通省による"運輸安全マネジメント制度"が存在する自動車運送事業者とは異なり，自動車リース事業者にとってはISO 39001が道路交通安全に関する初めてのマネジメントシステムとなるため，この規格に対して非常に高い関心をもっている．それゆえ，自動車運送事業者と立場は異なっているが，道路交通安全に対して極めて意識の高い業界であるといえる．

（1） ISO 39001 導入の目的

自動車リース事業者にとって，ISO 39001の導入に関しては大きく分けて二つの目的がある．一つは自社が営業活動等で運行している車両（以下，"社用車"という）に関する安全管理を強化すること，またその課程においてISO 39001のノウハウを獲得すること，もう一つは特定のユーザー向けに賃貸している車両（以下，"リース車"という）及び付帯サービスの安全性を向上するために，組織として道路交通安全に影響を与える能力を向上することである．

ISO 39001を社用車の管理のために適用する場合，

① 法令順守の徹底
② 付帯サービスへのノウハウ活用による営業力の強化
③ 社員の安全・健康の確保
④ 保険料コストの削減

など，自動車運送事業者と同様の意識をもって運用管理しているといえる．

次に，ISO 39001をリース車両へ適用する場合，道路交通安全に対する影響力に強い責任感をもっていることはもちろん，別の観点からも事業の目的と合致する部分がある．

自動車リースの種類には，大別して次の2種類がある．

- ファイナンスリース方式
- メンテナンスリース方式

"ファイナンスリース方式"の特徴は，リース会社が車両代金及び自動車諸税・保険料などの"費用"を負担し，ユーザーの調達ニーズに応える点にあり，金融的性格が強いリース方式である．

"メンテナンスリース方式"は，車両代金・自動車諸税・保険料のほかに車両の保守管理に関する費用（例：車検整備・点検整備・故障修理・代車提供・安全を含む車両管理など"サービスの費用"）を負担する方式である．メンテナンスリース方式は，車両の管理サービスという付加価値を高めたシステムであり，安全管理全般についても自動車リース事業者が影響力を行使しやすくなっている．

重要なのは，どちらのリース方式によっても，リース車は自動車リース事業者の"資産"であり，リース契約満了後の残存価額が高ければ高いほど，自動車リース事業者の利益となることである．つまり，リース車に対する道路交通安全の実現は，自らの資産価値の毀損を防止するための有効な手段となるのである．

また，自動車リース事業者は保険代理店部門をもっている場合が多く，事故を削減することによる手数料収入の増加（減少の防止）によるメリットも存在する．さらに，ある組織においては，ISO 39001の認証取得をリース車の安全管理にまで広げ，資産価値の毀損を防止するという利益だけではなく，自社のサービスの付加価値を高めるためにも活用している．

ISO 39001の特色でもある，ビジネス（本業）とマネジメントシステムの統合という面では，自動車運送事業者や保険会社と同様に，明確な業種であるといえる．

(2) マネジメントシステム構築に際して意識したこと

前述のように，自動車リース事業者は，道路交通安全に関する意識は高いものの自動車運送事業者に比べて法規制が少なく，道路交通法（主に安全運転管理者制度）が中心的である．ただし，日本国内においては道路交通法が成熟し

ているため,法を厳格に順守することによってかなりの事故を防ぐことができる.

実施している安全対策を見ると,社用車については自動車運送事業者に匹敵する管理的・技術的な対策が可能であるが,リース車については,実際に車両の管理をしているユーザーに対して,道路交通安全のパフォーマンス把握に対する協力をすることや道路交通安全の意識啓発等,間接的な影響を与えるにとどまっている場合が多い.

他方,自動車リース事業は金融サービス的側面があるため,期日管理等のシステム化が進んでいる.また営業活動が主体の業態であるため,数値目標による運用管理など,現場においてマネジメントシステムを導入しやすい素地がある.

このような背景から,マネジメントシステムの構築に際しては,以下の点について意識しながら実施しているケースが多い.

- 既に行っている交通事故削減のための対策を,マネジメントシステムの計画と事業目的に統合すること
- 直接管理することができないユーザーに対しても,安全管理に対するパフォーマンスの定量把握をし,評価等の影響力を行使すること
- 法令順守の徹底のための認識向上と,順守評価の仕組みづくりを支援すること
- 道路交通安全パフォーマンスに影響を与える要員の力量を定義化し,その力量の向上を図ること
- 道路交通安全パフォーマンスを定量的に把握及び評価するために,ドライブレコーダーやテレマティクス等の技術を活用すること
- 従来からの品質管理手法により,事故情報等を分析すること

(3) **事業における道路交通安全の位置付け**

道路交通安全は,自動車リース事業者にとっても,まさに事業の大きな柱であり,単に車をリースするだけではなく,リース先顧客の運行時の事故削減に協力することを自らの使命と考えている組織が多い.そのため,顧客に対する安全運転講習会や往訪コンサルタントなどのサポートを,RTS-MS 活動(RTS マネジメントシステム活動)の中で積極的に行っている組織もある.そのよう

な組織は，自社の社用車についても，事故分析や，再発防止のための啓蒙活動，事故予防のための実車研修などを実施し，顧客に対して自らが事故削減の範を示している．

(4) 今までの安全対策

参考までに，自動車リース事業者が今まで実施してきた安全対策を紹介する．

① 社用車の機器・装置による安全対策
- テレマティクスやドライブレコーダーの全車導入による，運行データの記録と速度抑制
- 衝突防止装置等の最先端機器の導入

② 社用車の運用・管理上の安全対策
- 法規制以上の厳格な日常点検
- 管理者による運転前後の法令順守項目の確認
- 管理者による運行データ評価とドライバーへの指導
- 事故やヒヤリ・ハット情報の統計的データ分析による安全対策の立案
- 電車等の公共交通機関による移動の推進
- システム管理による確実な車検・整備
- 業務委託先等の関連会社に対する安全管理の指導
- シックスシグマの管理手法の活用
- ISO 14001 等，先行する他のマネジメントシステムでの取組み

③ リース車の安全対策
- 運行データの記録と速度抑制機能付きテレマティクスの導入推進
- ユーザードライバーの安全啓発研修の提案推進
- 提携先自動車学校を活用した実車研修システムの運用
- システム管理による確実な車検・整備の案内
- 外部委託先に対する安全管理の周知徹底
- 衝突防止装置等の最先端機器の導入

(5) 取組みで苦労・工夫した点

まず，社用車に関しては，ドライバーの意識面において次のような点で苦労

があったようである．
① 事故の全体件数が少ないため，既に安全な状態であるとの認識がある．
② 運転を生業としているわけではないため，運転に関するプロ意識の醸成が難しい．
③ 事故削減のために厳格なルール順守を徹底する一方で，現場には，営業成績のような安全とは別の大きな目標がある．効率化と徹底の二律背反が発生する中で，安全最優先の方針をいかにして現場に理解してもらうのかが難しい．

これらについては，トップマネジメントによるコミットメントを明確にして，コミュニケーションを繰り返すことや，道路交通安全マネジメントを運用管理する上で中核となる組織の構築・要員の育成が有効であるといえる．

また，道路交通衝突事故及び他の道路交通インシデントに関する監視・測定については，以下のような対応をとっている．
① 人手による実施には限界があるため，テレマティクスやドライブレコーダーのようなハードウェアを導入することで運用を現実的なものとする．
② その分析については，担当者に教育・訓練を実施することで力量の補完を行う．
③ その評価については，組織として独自基準を設け，統一的な評価を可能にする．

次に，リース車に関しては，運転の安全管理に関して直接的な影響力を行使できない点が一番の問題となるため，事業者が実施できる活動が，あくまでもユーザーの安全管理に関する支援や啓発活動，提案活動に限定されることが一番苦労したようである．ただし，(1)の説明にあるように，メンテナンスリース方式での契約については，安全管理ソリューションや整備といったサービス面も含めた提供ができることから，RTSパフォーマンスの把握やRTSパフォーマンスファクターに対応するソリューションの提供を継続することで，ユーザーの安全管理の継続的改善に一定の影響力を行使することができる．

≪取組み事例≫

<N社（30万台保有）における，適用範囲の決定にいたる検討>

　リース車両は大量であり，メンテナンスで関連する組織が多いため，リース車にまでISO 39001の適用範囲を広げることで，自動車ディーラー，整備工場，陸送会社等の外部委託先まで裾野広く影響を与えることができると考え，適用範囲をメンテナンスリース車両にまで広げた．

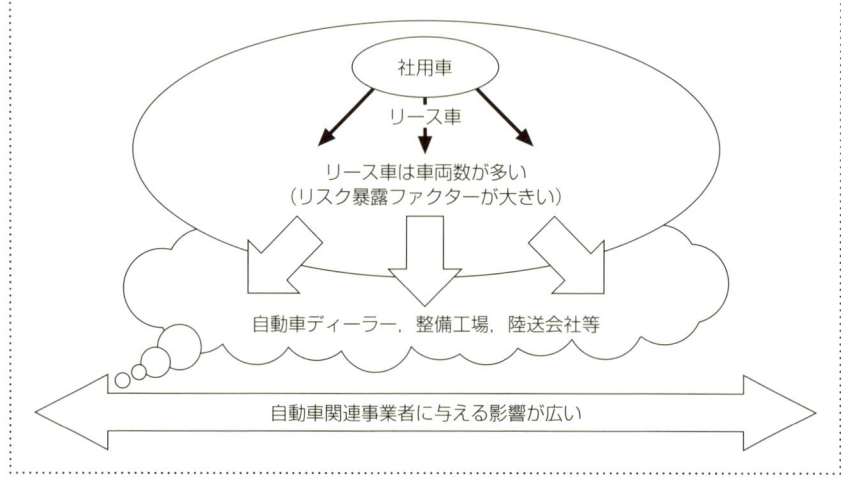

```
          社用車
            │
          リース車
リース車は車両数が多い
（リスク暴露ファクターが大きい）

自動車ディーラー，整備工場，陸送会社等

⇐ 自動車関連事業者に与える影響が広い ⇒
```

(6) RTS方針の例

道路交通安全方針

　C株式会社は，以下の基本理念，基本方針に基づき，道路交通安全（RTS）活動を継続的に実施する．

I　基本理念

　C株式会社は，世界中で，交通事故により毎年多数の死亡者，負傷者が発生し，この数が増加していることを深刻な問題であると認識し，交通事故削減の専門企業として，国内外の交通事故における"死亡者及び重傷者の撲滅"の実現に向け努力する．

Ⅱ 基本方針

C株式会社は，様々な事業活動を行うに当たり，以下の方針に従い，基本理念の実現に努める．

1. RTSに対する基本姿勢

    よき企業市民として，当社の行動指針に沿い，RTSに十分配慮した活動を行う．

2. RTS関連法規の順守

    国内外のRTS関連法規を順守する．

3. RTS関連事業の推進

    交通事故削減の専門企業として，RTS向上に資する商品・サービスを提供し，事故削減に貢献する．

4. RTS管理の確立

    RTSマネジメントシステムを活用して，RTS目標・RTS詳細目標を設定，定期的な見直しを行い，その継続的改善を図りつつ，RTSの確保に努める．

5. RTS方針の周知と開示

    このRTS方針は，当社で働く全ての人に周知するとともに，広く開示する．

（7） RTSパフォーマンスファクターの特定

自動車リース会社といえども，社有車の運行という側面については，車によって道路を利用するという立場に自動車運送事業者と差異はないので，2.1に記載の自動車運送事業者に関するRTSパフォーマンスファクターの例を参照されたい．ただし，自動車運送事業者においては法規制により義務付けられている点が，自動車リース会社のようないわゆる白ナンバーの事業者では実施されていない場合もあり得るため，注意が必要である．

また，多くの自動車リース会社において道路交通安全上，重要視されている"リース先顧客の安全意識啓発活動"をいかにしてRTSパフォーマンスファク

ターと結び付け（場合によっては追加の RTS パフォーマンスファクターとして設定し），そのパフォーマンスを監視していくのかがポイントとなる．

(8) RTS 目標・RTS 詳細目標の例

ある組織では，社有車の死亡事故ゼロを目標に，初年度の詳細目標として事故率を 12％から 11％に下げることを設定している．また目標達成に向けた活動の一環として，エコ安全ドライブの展開を目的とした，燃費の現状把握も行っている．さらに，特定の顧客に対して安全運転講習会の案内を行うなど，利害関係者も含めた事故削減サービスの提供に注力している．

社内でのアクションをもう少し具体的に述べると，社有車を運転する要員に対する交通安全講習の実施をはじめ，エコ安全ドライブ 5 か条のステッカーの掲示や，急ブレーキ・急発進などの挙動や運行ルートを記録・解析できるテレマティクスシステムの導入も行っている．さらに全社員ミーティングやイントラネットで，トップマネジメントからのメッセージを発信し，ISO 39001 の認証取得の目的や，道路交通安全方針の内容，今後の取組みなどについて，周知徹底している．

(9) 導入による効果

全ての ISO 規格にいえることであるが，形だけの認証を取得して，実際にはシステムが動かなくて失敗するというケースは，絶対に避けなければならない．特に事故削減は，たとえリスクと機会の洗出しや RTS パフォーマンスファクターの選択等の理論が十分であっても，実際にそれを行動に移さないと効果が現れない．つまりは，現場の要員一人一人の道路交通安全に対する認識の向上が極めて重要なのである．

ある組織では，降雪直後の対応に手ごたえを感じていた．責任者の初期対応の決断スピードが格段に速くなり，また要員も初期対応の重要性を理解した上で，安全を意識した迅速な行動がとられていたようである．

また別の組織では，今回，ISO 39001 を認証取得したことを契機として，"道路交通安全マネジメントシステムを構築しませんか" という顧客への提案活動がスタートしていた．自社の ISO 39001 に関する知見を活用し，"顧客による

RTS-MSの構築支援"を新たなサービスメニューとしていた．まさにビジネスとISO 39001の一体化が図られているよい取組みであるといえよう．

(10) まとめ

自動車リース事業者にとってISO 39001の取組みは，ユーザーへの提供サービスの強化といった積極的な獲得利益や，資産価値の低減防止・保険料削減などの受動的な付随利益も存在し，事業目的との親和性が高い．そのような背景もあり，業界全体として自動車事故を削減しようという意識が高い．

日本国内においては，法制度を順守することが道路交通安全への有効な対策である．そこで法令順守に伴う業務量の増加をシステム化や最新技術によって軽減し，現場に負担のかからない形で安全管理体制を構築できるかどうかが鍵であると思われる．

また，自動車リース事業者は事故報告義務がないことや保有車両数が多いことにより，自動車運送事業者に比べるとISO 39001の9.2で求められている道路交通衝突事故及び他の道路交通インシデントに関する調査・分析・評価が弱い傾向がある．9.2は道路交通安全マネジメントシステムの有効性に大きな影響を与えるプロセスであるため，本プロセスを円滑に運営管理するための要員育成・システム化・体制強化についても鍵であると考える．

最後に，この規格の最終的な目標は交通事故による死亡及び重大な負傷の撲滅である．自動車リース事業においては，初期投資額を抑えて，道路交通安全に関する最新技術を導入した車両を社会に広めることが可能であり，今後は社会全体の道路交通安全に大きな影響を与えるために，ユーザーに対する車両及び付帯サービスの提供に関して，積極的にISO 39001が活用されることを期待したい．

第3章

自動車事故防止に関する法令及び諸制度

3.1 自動車事故防止のための法体系

　ISO 39001の中では，法令に関する要求事項として，4.2「利害関係者のニーズ及び期待の理解」に，組織が承認するRTSに関連する法的及びその他の要求事項を決定しなければならないと規定され，組織が順守すべき法的要求事項を認識することが求められている．また，9.1「監視，測定，分析及び評価」では，自社の承認する適用可能な法的RTS要求事項及びその他のRTS要求事項についての順守（遵守）状況を定期的に評価するプロセスを確立し，実行し，及び維持しなければならないとされており，法令順守評価が必須となっている．さらに，9.4「マネジメントレビュー」においても，その順守状況がマネジメントレビューでの確認事項となっている．

　そのため，法的要求事項を検討する際には，図3.1に示す法律及び諸制度等について自組織で適用すべきものをしっかりと認識し，順守する必要がある．

(1) 自動車事故防止のための法規制

　日本では，自動車事故防止のための厳格な法体系が既に存在しており，自動車事故防止を目指すためには，その法令を認識し，法令順守に基づく運転（運行）を心がけることが最も有効であるといえる．

　自動車事故防止のための法令には立法機関（国会）によって定められる"法律"，行政機関（内閣や府省）が定める"命令"等，地方自治体が定める"条例"等，様々な法令が存在している．これらの法体系は大きくは"人"，"車"，"道"に関するものに分かれている．

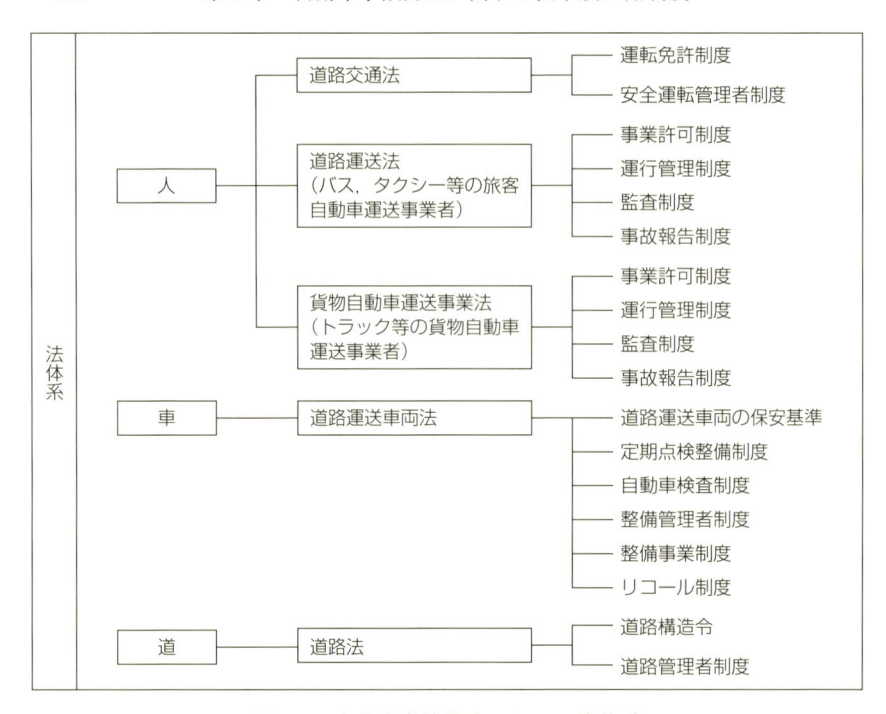

```
法体系 ─┬─ 人 ─┬─ 道路交通法 ─┬─ 運転免許制度
        │      │                └─ 安全運転管理者制度
        │      │
        │      ├─ 道路運送法      ─┬─ 事業許可制度
        │      │ (バス，タクシー等の旅客  ├─ 運行管理制度
        │      │  自動車運送事業者)      ├─ 監査制度
        │      │                        └─ 事故報告制度
        │      │
        │      └─ 貨物自動車運送事業法 ─┬─ 事業許可制度
        │         (トラック等の貨物自動車  ├─ 運行管理制度
        │          運送事業者)            ├─ 監査制度
        │                                └─ 事故報告制度
        │
        ├─ 車 ── 道路運送車両法 ─┬─ 道路運送車両の保安基準
        │                        ├─ 定期点検整備制度
        │                        ├─ 自動車検査制度
        │                        ├─ 整備管理者制度
        │                        ├─ 整備事業制度
        │                        └─ リコール制度
        │
        └─ 道 ── 道路法 ─┬─ 道路構造令
                          └─ 道路管理者制度
```

図 3.1 自動車事故防止のための法体系

① **道路交通法："人"に関する規制**

(目的)
第一条　この法律は，道路における危険を防止し，その他交通の安全と円滑を図り，及び道路の交通に起因する障害の防止に資することを目的とする．

"人"の道路交通安全に関しては，道路交通法に基づいて運転免許制度があり，運転する自動車に応じた運転免許を取得しなければならないなどの規制がある．また，旅客自動車運送事業用の自動車運転者については，免許取得においてさらに高い要件が定められている．これは ISO 39001 の 6.3「RTS パフォーマンスファクター」における「中間安全成果ファクター」の「当該の等級の車両 (二輪車両を含む) を運転するための適切な免許」や「不適格な車両及び運転

3.1 自動車事故防止のための法体系

者の道路網からの排除」等に関連している.

また，運転者に対して安全運転のための指導・監督を行うため，自動車運送事業者には「運行管理者」の選任が，一定台数以上の自家用自動車（白ナンバーの車両）の使用者には「安全運転管理者」の選任が，それぞれ義務付けられていることなど安全運転の管理面においても定めがある．"安全運転管理者制度"については，道路交通法令の順守や自動車事故防止のために自家用自動車を利

参考情報

自動車運送事業者における「運行管理者」の業務の重要性は周知の事実であるが，自家用自動車における「安全運転管理者」の業務についても，法令によりほぼ同様の業務が求められている．

■安全運転管理者の業務（道路交通法施行規則第九条の十）

① 運転者の適性等の把握
　自動車の運転についての運転者の適性，知識，技能や運転者が道路交通法等の規定を守っているか把握するための措置をとること．

② 運行計画の作成
　運転者の過労運転の防止，その他安全な運転を確保するために自動車の運行計画を作成すること．

③ 交替運転者の配置
　長距離運転又は夜間運転となる場合，疲労等により安全な運転ができないおそれがあるときは交替するための運転者を配置すること．

④ 異常気象時等の措置
　異常な気象・天災その他の理由により，安全な運転の確保に支障が生ずるおそれがあるときは，安全確保に必要な指示や措置を講ずること．

⑤ 点呼と日常点検
　運転しようとする従業員（運転者）に対して点呼等を行い，日常点検整備の実施及び飲酒，疲労，病気等により正常な運転ができないおそれの有無を確認し，安全な運転を確保するために必要な指示を与えること．

⑥ 運転日誌の備付け
　運転の状況を把握するため必要な事項を記録する日誌を備え付け，運転を終了した運転者に記録させること．

⑦ 安全運転指導
　運転者に対し，「交通安全教育指針」に基づく教育のほか，自動車の運転に関する技能・知識その他安全な運転を確保するため必要な事項について指導を行うこと．

用している組織においても適用される，重要な制度である．

② 道路運送車両法："車"に関する規制

> （この法律の目的）
> 第一条　この法律は，道路運送車両に関し，所有権についての公証等を行い，並びに安全性の確保及び公害の防止その他の環境の保全並びに整備についての技術の向上を図り，併せて自動車の整備事業の健全な発達に資することにより，公共の福祉を増進することを目的とする．

"車"の道路交通安全に関しては，道路を運行する自動車の安全の確保及び公害の防止を図るため，自動車の構造・装置についての技術基準"道路運送車両の保安基準"がある．自動車の使用者は，自動車が保安基準に適合している状況を維持するよう，日常点検や定期点検を実施し，不適合箇所の整備を行う必要がある．また，国による車両の検査，いわゆる"車検"を一定期間ごとに受けなければならない．これは ISO 39001 の 6.3「RTS パフォーマンスファクター」における「中間安全成果ファクター」の「不適格な車両及び運転者の道路網からの排除」や「乗客・乗員の保護，他の道路利用者（他の乗客・乗員同様脆弱である）の保護，道路交通衝突事故の回避・緩和策，道路走行性，車両の可能積載重量，及び車両に搭載する積荷の安全確保を特に考慮した，車両の安全性」等に関連している．

また，一定台数以上の事業用自動車を保有する自動車運送事業者には，これらの車両の管理に関する業務を行うため，整備管理者の選任が義務付けられているなど，管理面においても定めがある．

③ 道路法："道"に関する規制

> （この法律の目的）
> 第一条　この法律は，道路網の整備を図るため，道路に関して，路線の指定及び認定，管理，構造，保全，費用の負担区分等に関する事項を定め，もつて交通の発達に寄与し，公共の福祉を増進することを目的とする．

"道"の道路交通安全に関しては，安全，かつ円滑な交通を確保するための道路構造についての技術的基準"道路構造令"があり，また，道路を良好な状態に維持・修繕・管理するために"道路管理者制度"がある．これは ISO 39001 の 6.3「RTS パフォーマンスファクター」における「中間安全成果ファクター」の「分離（車の往来及び脆弱な道路利用者），路側帯及び交差点設計を特に考慮した，道路の設計及び安全速度の設定」等に関連している．

(2) 自動車運送事業者における法規制

次に自動車運送事業者は，その公共性の高さから事業活動に対して，一般の自動車よりも厳格な法的制約が加えられている．その法的要求事項には，大別すると事業用のバス，タクシーに関する法律である"道路運送法"によるものと，事業用のトラックに関する法律である"貨物自動車運送事業法"がある．

① 道路運送法：事業用のバス，タクシー

> （目的）
> 第一条　この法律は，貨物自動車運送事業法（平成元年法律第八十三号）と相まつて，道路運送事業の運営を適正かつ合理的なものとし，並びに道路運送の分野における利用者の需要の多様化及び高度化に的確に対応したサービスの円滑かつ確実な提供を促進することにより，輸送の安全を確保し，道路運送の利用者の利益の保護及びその利便の増進を図るとともに，道路運送の総合的な発達を図り，もつて公共の福祉を増進することを目的とする．

当初，道路運送法は道路運送にかかわる全ての事業を規制していたが，"貨物自動車運送事業法"の独立に伴い，現在のこの法の主たる対象は旅客自動車運送事業が対象となっており，貨物自動車運送事業については，"貨物自動車運送事業法"を引用する形になっている．

道路運送法では，次のような内容が規制されている．

1) 事業の許可
2) 事業計画，運行計画
3) 運賃及び料金

4）運送約款
5）公共性の確保
6）安全性の確保
7）秩序の確立
8）事業の監督

旅客自動車運送事業に関する下位規定として，国土交通省令"道路運送法施行規則"や"旅客自動車運送事業運輸規則"があり，人及び管理の面で安全性が強化されており，ISO 39001 の 6.3「RTS パフォーマンスファクター」における人及び管理に関する「中間安全成果ファクター」を広く網羅する形になっている．

また，貨物自動車運送事業と共通のものとして"自動車事故報告規則"があり，この規格の 9.2「道路交通衝突事故及び他のインシデント調査」の一部が法的要求事項となっている．

さらに，同じく貨物自動車運送事業とともに"労働基準法"，"労働契約法"，"労働安全衛生法"，"労働安全衛生規則"，厚生労働省（当時は労働省）の告示第 7 号"自動車運転者の労働時間等の改善のための基準"，告示第 154 号"労働基準法第 36 条第 1 項の協定で定める労働時間の延長の限度等に関する基準"等により労働環境に関する改善が図られている．これはこの規格の 6.3「RTS パフォーマンスファクター」における「中間安全成果ファクター」の「疲労，注意散漫，アルコール及び薬物を特に考慮した，運転者の適格性」等に関連した法的要求事項である．

参考までに，旅客自動車運送事業者に関する法令順守のチェック項目の一例を，**表 3.1** に示す．

3.1 自動車事故防止のための法体系

表 3.1 旅客用法令順守確認項目一覧(一例)

	確認項目	根拠となる法・規則
事業計画の状況	① 主たる事務所及び営業所の名称・位置は,許可申請書又は事業計画変更認可申請書(事後届出書)のとおりですか.	運送法 5 運送法 15 施行規則 14 施行規則 15 の 2
	② 各営業所に配置する事業用自動車の数は,許可申請書又は事業計画変更事前届出書のとおりですか.	運送法 5 運送法 15 施行規則 15
	③ 自動車車庫の位置及び収容能力は,許可申請書又は事業計画変更認可申請書のとおりですか.	運送法 5 運送法 15 施行規則 14
	④ 乗務員の休憩・睡眠施設の位置及び収容能力は,許可申請書又は事業計画変更認可申請書のとおりですか.	運送法 5 運送法 15 運送法 27 施行規則 14 運輸規則 21
事故報告等の状況	① 事故が発生したら,事故記録簿を作成していますか.また,その記録を当該事業用自動車の所属営業所において,事故発生日から 3 年間保存していますか.	運輸規則 26 の 2
	② 自動車事故報告規則に定められた事故が発生した場合に,自動車事故報告書を提出していますか.	運送法 29 自動車事故報告規則 2〜4
運行管理体制の状況	① 運行管理規程を定めていますか.	運輸規則 48 の 2
	② 運行管理者を選任し,遅滞なく届出をしていますか.	運送法 23 運輸規則 47 の 9 運輸規則 68
	③ 事業者は,運行管理者に対し適切な指導及び監督を行っていますか.	運輸規則 48 の 3
	④ 運行管理者は受講が義務付けられた講習について,漏れなく受講していますか.	運輸規則 48 の 4
点呼の状況	乗務を開始又は終了した運転者に対し,対面(運行上やむを得ない場合は電話その他の方法)により点呼を実施し,かつ点呼記録簿を作成し,その記録を 1 年間保存していますか.	運輸規則 24

表 3.1 （続き）

	確認項目	根拠となる法・規則
乗務の記録	乗務員の乗務の実態を把握するために乗務等の内容を記録し，その記録を 1 年間保存していますか．	運輸規則 25
運行記録計による記録	当該事業用自動車の瞬間速度，運行距離及び運行時間を運行記録計により記録し，かつその記録を 1 年間保存していますか．	運輸規則 26
運行指示書による指示等	運転者に対し運行指示書により指示を行い，運行経路や運行の安全上必要な事項について運転者への確実な伝達を行っていますか．また，当該運行指示書を運行の終了の日から 1 年間保存していますか．	運輸規則 28 の 2
過労運転防止関係	① 過労運転の防止のために，乗務員の休憩・睡眠施設の整備及び管理はできていますか．	運輸規則 21
	② 過労運転の防止に配慮した勤務時間及び乗務時間を定め，これをもとに乗務割を作成し，乗務終了後に休息のための時間が十分確保されるようにしていますか．	運輸規則 21
	③ 運転者が長距離運転又は夜間の運転に従事する場合であって，疲労等により安全な運転を継続することができないおそれがあるときに，あらかじめ当該運転者と交替するための運転者を配置していますか．（乗合及び貸切事業者）	運輸規則 21
	④ 36 協定を締結し，届出をしていますか．	労働基準法 36
運転者の指導・監督	① 運転者に対する指導及び監督を行っていますか．	運輸規則 38
	② 特定の運転者に対する特別な指導を行っていますか．	運輸規則 38
	③ 特定の運転者に対し適性診断を受診させていますか．	運輸規則 38
	④ 一般乗用旅客運送事業者（タクシー事業者であって，個人タクシー事業者を除く）は，新たに雇い入れた者については 10 日間の指導教育及び適性診断受診後に，運転者として選任していますか．	運輸規則 36

3.1 自動車事故防止のための法体系

表 3.1 （続き）

	確認項目	根拠となる法・規則
運転者の指導・監督	⑤ 事業用自動車に備えられた非常信号用具，非常口又は消火器の取扱いについて，乗務員に対し指導を行っていますか．	運輸規則 38
	⑥ 異常気象その他の理由により輸送の安全の確保に支障を生ずる恐れがある時は，乗務員に対する適切な指示その他輸送の安全を確保するために必要な措置を講じていますか．	運輸規則 20
	⑦ 安全及び服務のための規律を定めていますか．	運輸規則 41
	⑧ 運転者に対する指導要領を定め，その指導監督事項を統括処理させる指導主任者を選任していますか（タクシー事業者）．	運輸規則 40
車両管理等の状況	① 整備管理規程を定めていますか．	車両法施行規則 32
	② 整備管理者を選任し，遅滞なく届出をしていますか．	車両法 50 車両法 52
	③ 整備管理者は地方運輸局長から研修を行う旨の通知を受けたときは，当該研修を受講していますか．	運輸規則 46
	④ 日常点検整備を行っていますか．	車両法 47 の 2 自動車点検基準 1 自動車点検基準 1 別表第 1
	⑤ 定期点検整備を行っていますか．	運輸規則 45 車両法 48 車両法 49
安全マネジメント関係の状況	① 安全管理規程等を定め，届出を行っていますか．	運送法 22 の 2 運輸規則 47 の 2 運輸規則 47 の 3
	② 安全統括管理者の選任及び解任について遅滞なく届出を行っていますか．	運送法 22 の 2 運輸規則 47 の 5 運輸規則 47 の 6
	③ 輸送の安全にかかわる情報を公表していますか．	運送法 29 の 2 運輸規則 47 の 7

表3.1 （続き）

	確認項目	根拠となる法・規則
禁止行為等	① 公衆の利便を阻害する行為を行っていませんか．	運送法30
	② 一般旅客自動車運送事業又は特定旅客自動車運送事業のために，名義を他人に利用させたり，事業の貸渡しを行っていませんか．	運送法33
その他	① 事業報告書及び輸送実績報告書を期限内に提出していますか．	報告規則2
	② 必要事項が記載された乗務員台帳を作成し，当該運転手の所属する営業所に備え付けていますか．	運輸規則37
	③ 運転者を乗務させるときは，乗務員証を携行させていますか（タクシー乗務員のみ）．	運輸規則37
	④ 事業用自動車は清潔に保たれていますか．	運輸規則44

注："根拠となる法・規則"欄では略称を用いており，正式名称は次のとおりである．
- 運送法：道路運送法
- 施行規則：道路運送法施行規則
- 運輸規則：旅客自動車運送事業運輸規則
- 車両法：道路運送車両法
- 車両法施行規則：道路運送車両法施行規則
- 報告規則：旅客自動車運送事業等報告規則

② **貨物自動車運送事業法：事業用のトラック**

(目的)
第一条　この法律は，貨物自動車運送事業の運営を適正かつ合理的なものとするとともに，貨物自動車運送に関するこの法律及びこの法律に基づく措置の遵守等を図るための民間団体等による自主的な活動を促進することにより，輸送の安全を確保するとともに，貨物自動車運送事業の健全な発達を図り，もって公共の福祉の増進に資することを目的とする．

"貨物自動車運送事業法"は，一般貨物自動車運送事業者，特定貨物自動車運送事業者及び貨物軽自動車運送事業者を対象としている．策定時に"道路運送法"

を参考にしていることから，条文等の内容はほぼ同様であり，下位規定として"道路運送法施行規則"の代わりに"貨物自動車運送事業法施行規則"が，"旅客自動車運送事業運輸規則"の代わりに"貨物自動車運送事業輸送安全規則"がある．また，前述のとおり，旅客自動車運送事業と共通のものとして"自動車事故報告規則"，"労働基準法"及び関連法規も，法的要求事項として存在する．

参考までに，貨物自動車運送事業者に関する法令順守のチェック項目の一例を，表3.2に示す．

表3.2 貨物用法令順守確認項目一覧（一例）

	確認項目	根拠となる法・規則
事業計画の状況	① 主たる事務所及び営業所の名称・位置は，許可申請書又は事業計画変更認可申請書（事後届出書）のとおりですか．	事業法4 事業法9 施行規則5 施行規則7
	② 各営業所に配置する事業用自動車の種別及び種別ごとの数は，許可申請書又は事業計画変更事前届出書のとおりですか．	事業法4 事業法9 施行規則6
	③ 自動車車庫は，点呼等適正な運行管理を行うことに支障のない距離の範囲内に確保されていますか．	安全規則6
	④ 自動車車庫の位置及び収容能力は，許可申請書又は事業計画変更認可申請書のとおりですか．	事業法4 事業法9 施行規則2 安全規則6
	⑤ 乗務員の休憩・睡眠施設の位置及び収容能力は，許可申請書又は事業計画変更認可申請書のとおりですか．	事業法4 事業法9 事業法17 安全規則3
事故報告等の状況	① 事故が発生したら，事故記録簿を作成していますか．また，その記録を当該事業用自動車の所属営業所において，事故発生日から3年間保存していますか．	安全規則9の2
	② 自動車事故報告規則に定められた事故が発生した場合に，自動車事故報告書を提出していますか．	事業法24 自動車事故報告規則2〜4

表3.2　(続き)

	確認項目	根拠となる法・規則
運行管理体制の状況	① 運行管理規程を定めていますか.	安全規則21
	② 運行管理者の選任等について遅滞なく届出をしていますか.	事業法18 安全規則18 安全規則19
	③ 事業者は，運行管理者に対し適切な指導及び監督を行っていますか.	安全規則22
	④ 運行管理者は受講が義務付けられた講習について，漏れなく受講していますか.	安全規則23
点呼の状況	乗務を開始又は終了した運転者に対し，対面（運行上やむを得ない場合は電話その他の方法）により，また，乗務途中点呼が必要な運転者に対しては，適切な方法により点呼を実施し，かつ点呼記録簿を作成し，その記録を1年間保存していますか.	安全規則7
乗務の記録	乗務員の乗務の実態を把握するために乗務等の内容を記録し，その記録を1年間保存していますか.	安全規則8
運行記録計による記録	当該事業用自動車の瞬間速度，運行距離及び運行時間を運行記録計により記録し，かつその記録を1年間保存していますか.	安全規則9
運行指示書による指示等	運転者に対し運行指示書により指示を行い，運行経路や運行の安全上必要な事項について運転者への確実な伝達を行っていますか．また，当該運行指示書を運行の終了の日から1年間保存していますか.	安全規則9の3
過労運転防止関係	① 過労運転の防止のために，乗務員の休憩・睡眠施設の整備及び管理はできていますか.	安全規則3
	② 過労運転の防止に配慮した勤務時間及び乗務時間を定め，これをもとに乗務割を作成し，乗務終了後に休息のための時間が十分確保されるようにしていますか.	事業法17 安全規則3
	③ 事業計画に従い，必要な員数の運転者を確保していますか.	事業法17 安全規則3

3.1 自動車事故防止のための法体系　127

表 3.2 （続き）

		確認項目	根拠となる法・規則
過労運転防止関係	④	運転者が長距離運転又は夜間の運転に従事する場合であって，疲労等により安全な運転を継続することができないおそれがあるときに，あらかじめ当該運転者と交替するための運転者を配置していますか.	事業法 17 安全規則 3
	⑤	運行系統ごとに乗務基準を作成し，これに基づき，勤務時間等基準公示を順守していますか.（特積事業者のみ）	事業法 17 安全規則 3
	⑥	36 協定を締結し，届出をしていますか.	労働基準法 36
運転者の指導・監督	①	運転者に対する指導及び監督を行っていますか.	安全規則 10
	②	特定の運転者に対する特別な指導を行っていますか.	安全規則 10
	③	特定の運転者に対し適性診断を受診させていますか.	安全規則 10
	④	貨物の積載方法について運転者に指導・監督を行っていますか.	安全規則 5
	⑤	事業用自動車に備えられた非常信号用具及び消火器の取扱いについて，乗務員に対し指導を行っていますか.	安全規則 10
	⑥	異常気象その他の理由により輸送の安全の確保に支障を生ずる恐れがあるときは，乗務員に対する適切な指示その他輸送の安全を確保するために必要な措置を講じていますか.	安全規則 11
	⑦	特別積合せ貨物運送事業者は，運行の安全を確保するための必要な措置を講じていますか.	安全規則 12
	⑧	過積載の防止に努め，従業員に対し，過積載による運送の防止について日常的な指導及び監督を実施していますか.	事業法 17 安全規則 4
車両管理等の状況	①	整備管理規程を定めていますか.	車両法 50 車両法施行規則 32
	②	整備管理者の選任等について遅滞なく届出をしていますか.	車両法 50 車両法 52 車両法施行規則 31 の 3 車両法施行規則 33

表 3.2　（続き）

	確認項目	根拠となる法・規則
車両管理等の状況	③ 整備管理者は地方運輸局長から研修を行う旨の通知を受けたときは，当該研修を受講していますか．	安全規則 13 安全規則 15
	④ 日常点検整備を行っていますか．	車両法 47 の 2 自動車点検基準 1 自動車点検基準 1 別表第 1
	⑤ 定期点検整備を行っていますか．	安全規則 13 車両法 48 車両法 49
安全マネジメント関係の状況	① 安全管理規程等を定め，届出を行っていますか．	事業法 16 安全規則 2 の 4
	② 安全統括管理者の選任及び解任について遅滞なく届出を行っていますか．	事業法 16 安全規則 2 の 7
	③ 輸送の安全にかかわる情報を公表していますか．	事業法 24 の 3 安全規則 2 の 8
禁止行為等	① 公衆の利便を阻害する行為を行っていませんか．	事業法 25
	② 一般貨物自動車運送事業又は特定貨物自動車運送事業のために，名義を他人に利用させたり，事業の貸渡しを行っていませんか．	事業法 27
その他	① 事業報告書及び事業実績報告書を期限内に提出していますか．	報告規則 2
	② 必要事項が記載された運転者台帳を作成し，当該運転手の所属する営業所に備え付けていますか．	安全規則 9 の 4

注："根拠となる法・規則"欄では略称を用いており，正式名称は次のとおりである．
- 事業法：貨物自動車運送事業法
- 施行規則：貨物自動車運送事業法施行規則
- 安全規則：貨物自動車運送事業輸送安全規則
- 車両法：道路運送車両法
- 車両法施行規則：道路運送車両法施行規則
- 報告規則：貨物自動車運送事業報告規則

(3) その他の法規制

前述のような自動車事故防止に直接的に関連する法規制以外にも，この規格に取り組む上では各事業や活動固有の法的要求事項を考慮に入れて，マネジメントシステムを計画する必要がある．

例えば，一般の貨物と危険物を運ぶ貨物自動車では，利害関係者から求められるニーズの難易度が異なっているし，危険物を運ぶ場合には，"高圧ガス保安法"や"消防法"，"火薬類取締法"，"毒物及び劇物取締法"などを考慮する必要がある．また，マイカー通勤や社用車による直行・直帰を認めている組織では"車庫法（自動車の保管場所の確保等に関する法律）"も意識すべきであろう．

さらに，近年は法令順守に対する利害関係者の目が厳しくなっているため，自組織で採用する必要のある法的要求事項を慎重に決定する必要がある．

(4) まとめ

本節では，主として自動車運送事業者に関連する法規制について述べてきた．白ナンバーの組織では，厳しい法規制自体はないものの，運輸事業者の法規制に準じた仕組みを自主的に構築することも，事故防止のために有効な手段の一つである．例えば，社用車の運転前に点呼やアルコールチェックを行い，運転に不適格な者を道路交通システムの中から排除するという対策なども，一考の余地がある．

3.2 運輸安全マネジメント制度との関係

3.2.1 運輸安全マネジメント制度

第1章でも述べられているが，ISO 39001は，2006（平成18）年に我が国の国内法に基づいて制度化された"運輸安全マネジメント制度"と共通する部分も多い．

本節では，ISO 39001の対象範囲でもある自動車運送事業者を対象としている運輸安全マネジメント制度の概要，ISO 39001との関係性及びISO 39001に対する期待について述べたい．

(1) 運輸安全マネジメント制度の導入

我が国では，2005（平成17）年にJR福知山線の事故を始めとするヒューマンエラーを要因とした事故が相次いだことから，ヒューマンエラーによる事故の防止対策について検討し，

① 運輸事業者自身が，経営トップから現場まで一丸となって安全管理体制を構築する．

② その安全管理体制の取組み状況を国が確認・評価する．

という運輸安全マネジメント制度を導入することになった．これにより2006（平成18）年に"運輸の安全性の向上のための鉄道事業法等の一部を改正する法律"（平成18年法律第19号）を公布し，同年10月から施行することとした．また，国土交通省においては，国の職員が運輸事業者を対象に運輸安全マネジメント評価を行うための体制が整備された．

この運輸安全マネジメント制度は，運輸事業者が安全管理体制の構築・実施・改善に主体的な取組みを推進することを求め，国はそれを支援するという仕組みとなっており，国が規制を設けて監督するという仕組みとは大きく異なったものとなっている．国土交通省は，これら"安全規制＋事後監督"と"運輸安全マネジメント"を車の両輪として，輸送の安全の確保に取り組んでいる．

(2) 制度の導入に伴う新たな義務

法改正により，輸送の安全の確保が法目的として追加されたほかに，新たに以下の義務が運輸事業者に課せられている．

① 輸送の安全の確保

② 輸送の安全性の向上

③ 安全管理規程の届出

④ 安全統括管理者の選任・届出

⑤ 輸送の安全にかかわる情報の公表

3.2 運輸安全マネジメント制度との関係

(3) 運輸安全マネジメント制度における運輸事業者の取組み

運輸安全マネジメント制度では，運輸事業者は"安全管理規程"を作成し，"安全統括管理者"を選任することなどが義務付けられている．

"安全管理規程"とは，当該運輸事業者の輸送の安全を確保するための事業の運営の方針，事業の実施とその管理の体制・方法等を定めるものであり，"安全統括管理者"とは事業運営上の重要な決定に参画する管理的地位に立ち，輸送の安全を確保するための管理業務を統括管理する者である．

そして，運輸事業者は，経営トップの関与のもとで全社的な安全マネジメント体制を構築することとなる．

具体的には，2010（平成22）年に改正された"運輸事業者における安全管理の進め方に関するガイドライン（以下，ガイドラインという）"に記載された14項目を参考に，

① 安全方針の策定
② 年間の安全重点施策の策定
③ 内部でのコミュニケーションの確保
④ 事故やヒヤリ・ハット情報の収集・活用
⑤ 社員の教育・訓練
⑥ 内部監査

などを行う．このうち④は，自らの輸送活動が抱えている課題を洗い出し，それに対処して事故の未然防止を図るというリスク管理の活動である．経営トップは，日々の輸送活動で明らかとなった課題を是正したり，潜在的な課題の原因を除去したりすることはもちろん，少なくとも年に一度，安全管理体制が適切に運営され，有効に機能しているかどうかを確認するために，安全管理体制の機能全般に関してマネジメントレビューを行い，その結果を踏まえて翌期の①と②を策定する．

このように，運輸安全マネジメント制度は，PDCAサイクル（Plan, Do, Check, Act）を構築して安全文化を醸成し，安全管理体制の構築・改善を図る仕組みとなっている（図 **3.2** 参照）．

① 経営トップの責務
　経営トップは，安全管理体制に主体的かつ積極的に関与し，リーダーシップを発揮

② 安全方針
　安全方針を策定・周知
③ 安全重点施策
　安全方針に沿って，年度の安全に関する目標と，それを達成するための取組み計画を策定・周知

P

④ 安全統括管理者の責務
⑤ 要員の責任・権限
⑥ 情報伝達及びコミュニケーションの確保
⑦ 事故，ヒヤリ・ハット情報等の収集・活用
⑧ 重大な事故等への対応
⑨ 関係法令等の順守の確保
⑩ 安全管理体制の構築・改善に必要な教育・訓練等

D

⑫ マネジメントレビューと継続的改善
　レビューの結果等，安全管理体制の中で明らかになった課題等について，継続的に是正措置及び予防措置を実施

A

⑪ 内部監査
　自社の安全管理体制の構築・運用状況の社内チェックを，少なくとも1年ごとに自らチェック（重大事故等の場合は随時）

C

⑬ 文書の作成及び管理　　　⑭ 記録の作成及び維持

図3.2　輸送の安全に関するPDCAサイクル

(4) 運輸安全マネジメント制度における国土交通省の役割

こうした運輸事業者の取組みを支援するため，国土交通省は，おおむね一年に一度，運輸事業者の事業所に立ち入り，経営トップ及び安全統括管理者等の経営管理部門を対象としたインタビュー等を通じて，当該運輸事業者の安全確保に対する姿勢や取組み内容等を確認し，さらなる安全管理体制の構築・強化のた

めの評価と助言を行う"運輸安全マネジメント評価"を行う．これは指導・処分といった性格のものではなく，運輸事業者との対話を重視して行うものである．

このように，運輸安全マネジメント制度は，運輸事業者は経営トップが中心となってPDCAサイクルを構築し，安全統括管理者がそれを補佐し，国がさらにその背中を押すことで，常に安全管理体制の強化を目指し続けるというものである．

2013年10月現在，運輸安全マネジメント評価の対象事業者は，鉄道，自動車，海運，航空の4モードの合計（約10,000事業者）であり，その内訳は，鉄道（約700事業者），自動車（約4,800事業者），海運（約4,300事業者），航空（約70事業者）となっている．国土交通省では，鉄道・自動車・海運モードの大規模な事業者と航空モードの全事業者に対しては，本省が運輸安全マネジメント評価を行い，それ以外の事業者に対しては地方運輸局等が運輸安全マネジメント評価を行っている．

(5) 事業者における安全管理体制の成長過程

2006（平成18）年に運輸安全マネジメント制度が導入されて，執筆時現在約7年間が経過しているが，運輸安全マネジメント制度を取り込んだ事業者の安全管理体制は，運輸安全マネジメント評価報告書の分析から，おおむね以下の3段階の成長過程を経て向上していることが確認できている．

(a) 第1段階

第1段階では，事業者が事業運営上の必要性及び既存の法令要求からガイドラインに定める14項目のうち，特に次の事項について従前から一定程度の体制が整備されていたと考えられ，さらに，運輸安全マネジメント制度の導入が図られたため，早い段階で体制が構築されたと考えられる．

- 経営トップの責務（項目1）
- 安全方針（項目2）
- 安全統括管理者の責務（項目4）
- 要員の責任・権限（項目5）
- 重大な事故等への対応（項目8）
- 関係法令等の遵守の確保（項目9）

(b) 第2段階

第2段階では，第1段階で整備された事項について，ガイドラインに定める14項目のうち，特に次の事項を活用して，検証，見直し改善を実施することにより，安全管理体制全般にわたる体制が整備されたと考えられる．

- 内部監査（項目11）
- マネジメントレビューと継続的改善（項目12）

(c) 第3段階

第3段階では，事故，ヒヤリ・ハット情報等の収集・活用により安全確保に関する脆弱性を把握して安全重点施策に反映し，安全重点施策の取組み計画に教育・訓練の強化を盛り込んで，その効果を内部監査等の活用を通じて検証し，マネジメントレビューと継続的改善を通じて，スパイラルアップを図るというPDCAサイクルが動き出していると考えられる．対応項目は，以下のとおりである．

- 安全重点施策（項目3）
- 事故，ヒヤリ・ハット情報等の収集・活用（項目7）
- 安全管理体制の構築・改善に必要な教育・訓練等（項目10）

なお，ガイドラインの項目6である「情報伝達及びコミュニケーションの確保」は，どの段階においても必要不可欠な項目であり，安全管理体制構築の基礎的要素と考えられる．

(6) 運輸安全マネジメント実施の効果

国土交通省は，運輸安全マネジメント制度について，安全管理規程作成等が義務付けられ，運輸安全マネジメント制度に取り組んでいる事業者（以下，安全管理規程作成等義務付け事業者）と，安全管理規程作成等が義務付けられていない事業者において，安全性向上の度合いに違いが生じているかどうかを把握するため，保険会社及び損害保険料率算出機構の協力を得て，事故後に支払われた保険金（自賠責保険は除く）の調査を行った．

この調査は，乗合旅客自動車運送事業者及び貨物自動車運送事業者のうち，運輸安全マネジメント制度が開始された2006（平成18）年度とその3年後の

3.2 運輸安全マネジメント制度との関係

2009（平成 21）年度及び 4 年後の 2010（平成 22）年度において，同じ保険会社と保険契約を締結している事業者の中から，無作為にそれぞれ 28〜83 者を抽出し，当該年度における支払保険金を集計することにより行った．また，安全管理規程作成等が義務付けられていない事業者は，義務付け対象となる保有台数に近い事業者から抽出した．

その結果，図 3.3 のとおり，乗合旅客・貨物ともに安全管理規程作成等義務付け事業者の支払保険金減少率が大きいことが確認され，特に，貨物自動車運送事業者については，2010（平成 22）年度の支払保険金が 2005（平成 18）年度より 6 割以上減少していることが確認された．

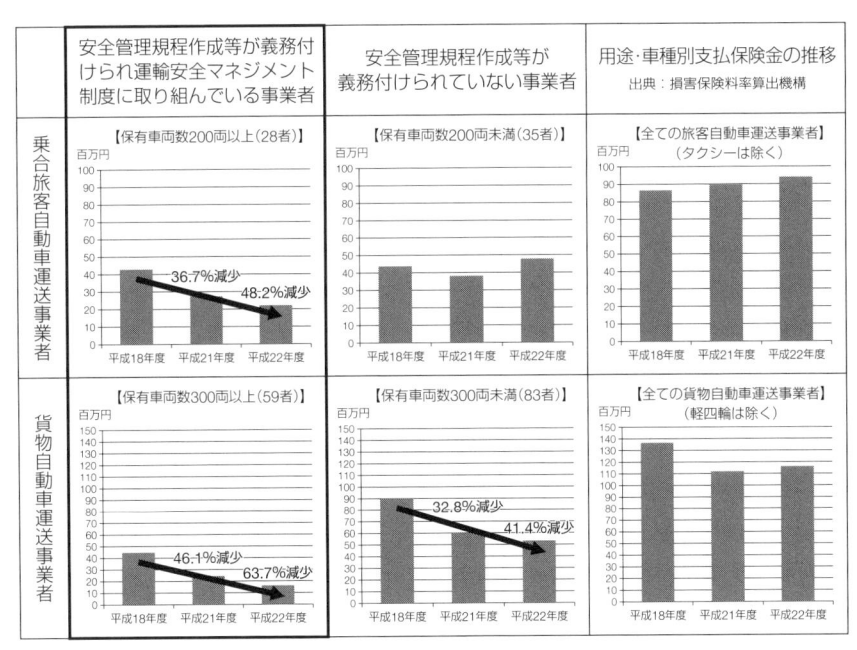

注 1　上記は，保険契約台数 1,000 台当たりに換算した支払保険金額のグラフである．
注 2　対人死亡事故及び搭乗者死亡事故の支払保険金については，1 件の事故が統計に非常に大きく影響することから，集計対象外としている．

図 3.3　運輸安全マネジメント制度の効果

なお,比較のため,損害保険料率算出機構へ加入する損害保険会社と自動車保険を締結する全ての乗合旅客自動車運送事業者及び全ての貨物自動車運送事業者の支払保険金(自賠責保険は除く)を掲載した(損害保険料率算出機構のデータを元に作成).

3.2.2　ISO 39001と運輸安全マネジメント制度との相違点

ISO 39001と運輸安全マネジメント制度の主な相違点は,表3.3のとおりであり,特に"任意/義務","規格の有無"及び"審査/評価"については,以下の相違点が見られる.

表3.3　両制度の相違点

	ISO 39001	運輸安全マネジメント制度
国際/国内	国際的な制度	日本の国内法に基づく制度
任意/義務	任意	義務
規格の有無	有:規格	無:ガイドライン(指針)
審査/評価	規格への適合性審査	適合性より有効性を重視した評価
対象	自動車運送事業者,自家用車,メーカー,道路管理者等	自動車運送事業者

(1) 任意/義務

ISO 39001は任意の認証であり,認証を必要とする者が認証取得への取組みを行うが,運輸安全マネジメント制度は,国内法に基づく強制規則であり,義務付け対象事業者が輸送の安全確保と向上への取組みを行うこととなる.

(2) 規格の有無

ISO 39001は,序文に記載された目的を達成するために規格を定めており,認証を得ようとする申請者が規格に適合することを求めている.それに対して,運輸安全マネジメント制度は強制規則であるため,事業形態・規模及び取組みの到達状況を問わず,取り組むことが望まれる事項をガイドライン(指針)として定めているだけで,当該事項に対する適合を強く求めているものではない.

(3) 審査／評価

ISO 39001 は，規格に対する申請者の適合性を主に審査しているが，運輸安全マネジメント評価は，ガイドライン（指針）への適合性より取組みの有効性に重点を置いた評価を行っている．

また，運輸安全マネジメント評価は，規格に対する不適合を見出すという観点より，事業者における取組み到達度合いに応じた助言を行うとともに，事業者の秀でた取組み及び工夫が凝らされている取組みなどを評価して，継続的な改善・実施を促すという，いわゆる"誉めて伸ばす"観点で実施している．

3.2.3　ISO 39001 に対する期待

"道路交通事故による死亡や重大な負傷をゼロにする"を宣言することから始まった道路交通安全への取組みは，ISO 39001 という国際規格を生み出し，安全確保に前向きな関係者による認証取得に向けた活動が始まっている．

また，道路交通安全に対する社会の関心が高まるにつれて，ISO 39001 の必要性もクローズアップされ，さらに，その有効性が示されることにより，認証取得の動きがより活性化することと思われる．

国土交通省は，自動車運送事業者に対する運輸安全マネジメント制度を確立しているが，ISO 39001 による裾野の広い道路交通安全への取組みは，安全に向けた社会の関心を高めることに寄与すると期待している．さらに，利用者が自動車運送事業者の実施している安全に対する取組みに理解を示すことにも期待するものである．

引用・参考法令等の紹介

本書執筆の際に引用または参考とした法令等を，次に紹介する．

なお，原則として，本文に登場する順番に掲載しており，法令等の最終改正年月日は，本書発刊時点のものである．

■第1章
≪法　令≫
1) 運輸安全一括法（運輸の安全性の向上のための鉄道事業法等の一部を改正する法律）平成18年法律第19号

≪ガイドライン≫
2) 運輸安全マネジメント態勢構築に係るガイドライン等検討会（2006）：安全管理規程に係るガイドライン，国土交通省
　　注：本ガイドラインの改訂版として，2010年に26）が策定されている．

■第3章
≪法　令≫
3) 道路運送法　昭和26年6月1日法律第183号（最終改正：平成23年6月24日法律第74号）
4) 貨物自動車運送事業法　平成元年12月19日法律第83号（最終改正：平成23年6月24日法律第74号）
5) 道路運送法施行規則　昭和26年8月18日運輸省令第75号（最終改正：平成24年7月31日国土交通省令第73号）
6) 旅客自動車運送事業運輸規則　昭和31年8月1日運輸省令第44号（最終改正：平成24年6月29日国土交通省令第67号）
7) 自動車事故報告規則　昭和26年12月20日運輸省令第104号（最終改正：平成24年3月30日国土交通省令第31号）
8) 労働基準法　昭和22年4月7日法律第49号（最終改正：平成24年6月27日法律第42号）
9) 労働契約法　平成19年12月5日法律第128号（最終改正：平成24年8月10日法律第56号）
10) 労働安全衛生法　昭和47年6月8日法律第57号（最終改正：平成23年6月24日法律第74号）

11) 労働安全衛生規則　昭和 47 年 9 月 30 日労働省令第 32 号（最終改正：平成 25 年 6 月 28 日厚生労働省令第 84 号）
12) 自動車運転者の労働時間等の改善のための基準（労働基準法第 32 条，36 条）平成元年 2 月 9 日労働省告示第 7 号
13) 労働時間の延長の限度等に関する基準（労働基準法第 36 条第 1 項）平成 10 年 12 月 28 日労働省告示第 154 号
14) 道路運送車両法施行規則　昭和 26 年 8 月 16 日運輸省令第 74 号（最終改正：平成 24 年 3 月 26 日国土交通省令第 21 号）
15) 道路運送車両法　昭和 26 年 6 月 1 日法律第 185 号（最終改正：平成 23 年 6 月 24 日法律第 74 号）
16) 自動車点検基準　昭和 26 年 8 月 10 日運輸省令第 70 号（最終改正：平成 19 年 3 月 14 日国土交通省令第 11 号）
17) 旅客自動車運送事業等報告規則　昭和 39 年 3 月 31 日運輸省令第 21 号（最終改正：平成 20 年 6 月 2 日国土交通省令第 39 号）
18) 貨物自動車運送事業法施行規則　平成 2 年 7 月 30 日運輸省令第 21 号（最終改正：平成 22 年 4 月 28 日国土交通省令第 30 号）
19) 貨物自動車運送事業輸送安全規則　平成 2 年 7 月 30 日運輸省令第 22 号（最終改正：平成 25 年 3 月 29 日国土交通省令第 14 号）
20) 貨物自動車運送事業報告規則　平成 2 年 11 月 29 日運輸省令第 33 号（最終改正：平成 18 年 4 月 28 日国土交通省令第 58 号）
21) 高圧ガス保安法　昭和 26 年 6 月 7 日法律第 204 号（最終改正：平成 25 年 6 月 14 日法律第 44 号）
22) 消防法　昭和 23 年 7 月 24 日法律第 186 号（最終改正：平成 25 年 6 月 14 日法律第 44 号）
23) 火薬類取締法　昭和 25 年 5 月 4 日法律第 149 号（最終改正：平成 25 年 6 月 14 日法律第 44 号）
24) 毒物及び劇物取締法　昭和 25 年 12 月 28 日法律第 303 号（最終改正：平成 23 年 12 月 14 日法律第 122 号）
25) 車庫法（自動車の保管場所の確保等に関する法律）昭和 37 年 6 月 1 日法律第 145 号（最終改正：平成 16 年 5 月 26 日法律第 55 号）

≪ガイドライン≫
26) 国土交通省大臣官房運輸安全監理官（2010）：運輸事業者における安全管理の進め方に関するガイドライン，国土交通省

索　引

A - Z

CD　22
CSR　69
DIS　22
HLS　21, 28
ISO　18
ISO 39001　8, 17
ISO/PC 241　18
ISO/TMB/TAG13 – JTCG　21
ITS　86
JTCG　21
MSS　21
NWIP　18
PDCA　52, 102, 131
RTS 詳細目標　38, 53, 62, 76, 77, 85, 99, 112
RTS 是正処置　28, 37, 82, 90
RTS の不備　37, 61, 90
RTS パフォーマンス　37, 52, 53, 60, 85
　──ファクター　21, 24, 38, 57, 98, 111
RTS 方針　46, 50, 92
RTS マネジメントシステム　39, 44
RTS 目標　46, 53, 62, 76, 77, 85, 99, 112
RTS 予防処置　28, 38, 82
Safe System Approach　20
TAG　21
the Decade of Action for Road Safety（道路交通安全に向けた 10 年行動計画）　18
TMB　21
Towards Zero　20
Vision Zero　20

WBGRSF　20
WD　24

あ行

アルコールチェッカー　94
安全運転管理者　117
　──制度　117
安全管理規程　131
　──に係るガイドライン　7
安全システムアプローチ　17, 20
安全統括管理者　131
意図した成果　40
運行管理者　117
運輸安全一括法（運輸の安全性の向上のための鉄道事業法等の一部を改正する法律）　7, 130
運輸安全マネジメント制度　7, 18, 19, 129
運輸安全マネジメント評価　133
運輸事業者における安全管理の進め方に関するガイドライン　131

か行

外部委託　76
　──する（動詞）　34
外部の課題　40
貨物自動車運送事業法　119, 124
火薬類取締法　129
可用性　74
監査　29
　──員　29

──基準　30
──証拠　30
監視　32
完全性　74
管理責任者　51
機会　54, 56
基準　61, 62
既知の技術的な原因　4
機密性　74
教育・訓練　49
共有責任　22
緊急事態　77
経営方針　92, 97
経営理念　92, 97
継続的改善　30, 90
高圧ガス保安法　129
厚生労働省の告示　120
交通事故による死亡者数　4
国内審議委員会　19
コミットメント　30, 44
コミュニケーション　70

さ行

最終安全成果ファクター　58, 98
識別　73
事業　46
資源　66
事故の原因　4
自動車運送事業者　8, 41, 91
自動車事故報告規則　120
自動車の使用者　118
自動車リース事業者　105
死亡　31
車庫法　129
修正　31, 88
重大な負傷　38
情報セキュリティ　74
消防法　129
条例　115
整備管理者　118

是正処置　28, 31, 85, 87
測定　32
組織　33

た行

第三者認証制度　8
妥当性　90
中間安全成果ファクター　23, 24, 60, 80, 99
適合　30
──性　83
適切性　90
適用除外　23
適用範囲　42
適用を除外　43
デジタルタコグラフ　93, 95
手順　34
テレマティクス　86, 107
道路　36
──運送車両法　118
──運送法　119
──運送法施行規則　120
──交通　36
──交通安全　37
──交通インシデント　27, 36, 61, 80
──交通システム　37, 40
──交通衝突事故　27, 36, 80
──交通法　116
──法　118
──網　36
──利用者　37
毒物及び劇物取締法　129
トップマネジメント　39, 44, 84
ドライブレコーダー　69, 86, 93, 100, 107

な行

内部監査　82
内部の課題　41

ニアミス 81
認識 68

は行

バックアイカメラ 86
パフォーマンス 34
ヒヤリ・ハット 81, 98, 108, 131
ヒューマンエラー 25, 93, 130
ファイナンスリース方式 106
不安全行動 93, 103
付加的なRTSパフォーマンスファクター 61
不適合 33, 85, 87
プロセス 35
文書化された情報 31, 43, 65, 71, 74
方針 34
法的及びその他の要求事項 115
法律 115

ま行

マネジメントシステム 32
マネジメントレビュー 84
未知の技術的な原因 4
命令 115
メンテナンスリース方式 106
目標 33

や行

有効性 31, 83, 90
要求事項 35
要素 61, 62
予防処置 34, 56

ら行

リーダーシップ 44, 50
利害関係者 32, 42
力量 30, 67

リスク 35, 54
——暴露ファクター 57, 98
利用できる最善の情報 30
旅客自動車運送事業運輸規則 120
連携 66, 70
労働基準法 120

ISO 39001:2012
道路交通安全マネジメントシステム
日本語版と解説

定価：本体 4,900 円（税別）

2013 年 10 月 15 日　第 1 版第 1 刷発行

監　　修　中條　武志
発 行 者　揖斐　敏夫
発 行 所　一般財団法人　日本規格協会
　　　　　〒 107-8440　東京都港区赤坂 4 丁目 1-24
　　　　　　　　　　　http://www.jsa.or.jp/
　　　　　　　　　　　振替　00160-2-195146
印 刷 所　日本ハイコム株式会社
製　　作　株式会社大知

© Takeshi Nakajo, et al., 2013　　　　　　　Printed in Japan
ISBN978-4-542-40250-8

● 当会発行図書，海外規格のお求めは，下記をご利用ください．
　営業サービスユニット：(03)3583-8002
　書店販売：(03)3583-8041　注文 FAX：(03)3583-0462
　JSA Web Store：http://www.webstore.jsa.or.jp/
● 落丁，乱丁の場合は，お取替えいたします．
● 内容に関するご質問は，本書に記載されている事項に限らせていただきます．書名及びその刷数と，ご質問の内容（ページ数含む）に加え，氏名，ご連絡先を明記のうえ，メール（メールアドレスはカバーに記しています）又は FAX（03-3582-3372）にてお願いいたします．電話によるご質問はお受けしておりませんのでご了承ください．